U0668913

乡村振兴背景下
乡村语言景观调查研究

XIANGCUN ZHENXING BEIJING XIA XIANGCUN YUYAN JINGGUAN DIAOCHA YANJIU

邹晓玲 著

中南大学出版社
www.csupress.com.cn

·长沙·

图书在版编目 (CIP) 数据

乡村振兴背景下乡村语言景观调查研究 / 邹晓玲著 .
—长沙：中南大学出版社，2023.8

ISBN 978-7-5487-5503-6

Ⅰ . ①乡… Ⅱ . ①邹… Ⅲ . ①乡村—旅游区—语用学
—调查研究—中国 Ⅳ . ① F592.3② H030

中国国家版本馆 CIP 数据核字 (2023) 第145212号

乡村振兴背景下乡村语言景观调查研究
XIANGCUN ZHENXING BEIJING XIA XIANGCUN YUYAN JINGGUAN DIAOCHA YANJIU

邹晓玲　著

□责任编辑	浦　石
□责任印制	唐　曦
□出版发行	中南大学出版社
	社址：长沙市麓山南路　　　　邮编：410083
	发行科电话：0731-88876770　　传真：0731-88710482
□印　　装	湖南众鑫印务有限公司

□开　　本	710 mm × 1000 mm 1/16	□印张 12	□字数 175千字
□版　　次	2023年8月第1版	□印次 2023年8月第1次印刷
□书　　号	ISBN 978-7-5487-5503-6
□定　　价	78.00元

图书出现印装问题，请与经销商调换

作者简介

邹晓玲　女，湖北大悟人，文学博士，讲师，现为湖南科技大学外国语学院硕士生导师。主要从事应用语言学、学科英语教学研究。长期担任现代汉语、语言学概论、中国语言与文化等课程的主讲教师。在《编辑之友》《电子科技大学学报》《语文建设》等核心期刊上发表学术论文20余篇，出版专著2部，主持省部级项目6项，其他各类项目3项，主持校级一流课程1门。

前　言

　　语言景观指出现在地名、街名、路牌、商铺招牌等公共空间上的语言文本。它不是一种简单的语言实践，而是一个特定区域的视觉文化以及地域生态的有机组成部分。公共空间语言景观的研究，可以加深我们对隐藏在语言现象背后的公共语言服务、地区发展、语言活力、语言政策及实施等信息的理解。

　　自 Landry 和 Bourhis 在 *Linguistic landscape and ethnolinguistic vitality*: *An empirical study*（1997）一文中提出语言景观概念以来，语言景观研究已成为社会语言学研究的热门话题。研究者普遍认为，国外语言景观研究主题众多，如多语语言景观、语言景观与英语全球化、语言景观与少数民族语言、语言景观与语言政策、语言景观中的语言意识形态、语言景观与第二语言教学等，理论建树颇丰，成果突出。相比而言，我们国家语言景观研究起步比较晚，常见研究主题包括语言景观研究的理论和方法探讨、不同场所语言景观的实证研究、语言景观的翻译及规范研究等。已有研究客观上推动了语言景观的研究进展，但也存在一些不足之处，比如研究对象上较多立足于中心城市，乡村语言景观的研究力度明显不够；在研究方法上，主要为田野调查法，但不同场域的语言景观比较研究成果不多。

　　近年来，在党中央的正确领导下，国家惠农富农政策力度不断加大，广大农村发生了翻天覆地的变化。但与城市现代化水平相比，农村发展依然不充分，城乡二元差距依然存在。为尽快实现农业农村现代化，解决城乡发展不平衡的问题，2017年10月，习主席在十九大报告中提出了实施乡村振兴的战略主张；2018年1月，中央一号文件发布了《中共中央国务院关于实施乡村振兴战略的意见》，并从农业发展质量、生态环境、乡风文明等十大方面对乡村振兴战略做出了全面部署；2018年9月，中共中央国务院印发了《乡村振兴战略规划（2018-2022年）》，明确了未来五年乡村振兴的阶段性安排。党中央对"三农"工作的重视，为广大农村现代化建设提供了重要发展机遇。

在乡村振兴战略的时代背景下，农村公共空间的语言景观研究不能忽视。作为地方形象的一张可视化名片，语言景观是乡村文明和乡村现代化的有机组成部分，在乡村形象塑造中发挥着不可忽视的作用。因此，学界在语言景观研究过程中，不仅需要关注城市中心区的语言景观，也要关注广大乡村地区的语言景观。鉴于此，本书特以乡村为研究对象，探讨乡村语言景观建设情况，助力国家乡村振兴战略。

本书运用语言学、社会学、文化学等学科理论与方法，以中部地区代表性城市长沙市周边的5个国家级文明村为调查区域，通过田野调查的方式搜集并整理了2588块有效语言景观样本，分析了乡村语言景观的总体面貌及构建原则，研究了不同乡村语言景观的地理分布差异，并结合长沙市主城区语言景观调查数据比较了城乡语言景观的异同，最后结合乡村振兴时代背景，探讨了乡村语言景观规范化的路径。

在乡村振兴时代背景下，本书的出版有助于促进基层语言规划与语言政策、语言服务、语言生态、语言和谐等命题的理论研究，也便于地方相关部门了解乡村语言生态现状，完善乡村语言规划和美丽乡村建设考评标准，提高乡村公共语言服务和管理水平，提升乡村对外形象，共同促进乡村振兴伟大战略的实现。

当前国内语言景观研究刚刚兴起，本书仅仅是对乡村语言景观的初步尝试与探索，疏漏之处在所难免，敬请广大读者不吝赐教。

目　录

目　录

第一章 绪 论

语言景观是公共空间的语言文本，它不单纯是一种语言实践，更是一个地区的重要文化象征。本书聚焦乡村场域的语言景观研究。为更好地开展相关研究，本章首先对本书的选题背景与意义、语言景观的概念与功能、研究方法与研究内容、数据收集与调查过程等做相关说明。

一、选题背景与意义

（一）选题背景

语言景观指出现在地名、街名、路牌、商铺招牌等公共空间上的书面语言。随着城市的快速发展，语言景观成为大中小城市的一道靓丽风景线。但语言景观不是一种简单的语言实践，而是一个城市或地区的重要文化符号，具有信息功能和象征功能。人们通过对公共空间语言景观的研究，可以观察到隐藏在语言现象背后的公共语言服务、语言活力、语言政策及实施，乃至城市发展等信息。因此，当前，语言景观研究不仅是社会语言学的一个研究热点，也受到政治学、应用语言学、符号学、社会学等多学科的关注。

近年来，在党中央的正确领导下，国家惠农富农政策力度不断加大，新农村建设和农村现代化深入推进，广大农村发生了翻天覆地的变化。农村经济活力明显增强，农民收入持续增长，生活水平普遍提高，居住环境得到了明显改善。但与城市现代化水平相比，农村发展依然不充分，城乡二元差距依然存在。为尽快实现农业农村现代化，解决城乡发展不平衡的问题，2017年10月，习主席在党的十九大报告中明确提出要实施乡村振兴战略，提倡"要坚持农业农村优先发展，按照产业兴旺、生态宜居、乡风文明、治理有效、生活富裕的总要求，建立健全城乡融合发展体制机制和政策体系，加快推进农业农村现代化"。[①] 2018年1月，中央一号文件发布了《中共中央国务院关于实施乡村振兴战略的意见》（以下简称《意见》），《意见》提出了新时代实施乡村振兴战略的重大意义、指导思想、目标任务、基本原则等，并从农业发展质量、生态环境、乡风文明、乡村治理体系、民生保障、帮扶脱贫、体制机制、人才支撑、投融资渠道、工作领导等10个方面对乡村振兴战略做了全面部署。[②] 同年9月，中共中央国务院印发了《乡村振兴战略规划(2018—2022年)》，明确了未来五年乡村振兴的阶段性安排。党中央对"三农"工作的重视，为广大农村现代化发展提供了重要发展机遇。

有研究者认为，"由公共服务领域中的语言标识构成的语言景观，是一个国家和地方语言环境和人文环境建设的重要组成部分。语言景观的规范化、国际化展现的是一个国家的语言服务能力，也是语言服务社会的重要方面。一个地方公共语言标识使用的规范化、标准化有利于提高其社会文明程度，有利于促进国际交流合作"。[③] 作为地方形象的一张可视化名片，语言景观在地方形象塑造中的作用不可忽视，乡村也不例外。近年来，国内研究者对城市语言景观进行了较多实证研究，取得了明显进步，但以乡村为研究对象的语言景观研究极其不足。因此，本书将以乡村为研究对象，分析乡村语言景观建设现状、

---

① 习近平.决胜全面建成小康社会　夺取新时代中国特色社会主义伟大胜利：在中国共产党第十九次全国代表大会上的报告 [EB/OL].（2017-10-27）[2023-06-15].http://www.gov.cn/zhuanti/2017-10/27/content_5234876.htm.

② 中共中央国务院关于实施乡村振兴战略的意见 [EB/OL].（2018-02-04）[2023-06-15].http://www.gov.cn/xinwen/2018-02/04/content_5263807.htm.

③ 索朗旺姆，强巴央金，毛红."一带一路"背景下西藏自治区语言经管规范化建设研究 [J].西藏大学学报，2021（1）：195-202.

不同乡村语言景观地理分布差异，并比较城乡语言景观的异同，最后探讨乡村语言景观规范化的路径，为国家乡村振兴战略献言献策。

（二）选题意义

近年来，语言景观研究成为社会语言学的一个热点研究方向。尤其是国外，研究成果丰硕。国内语言景观研究已经兴起，但已有研究主要关注北上广等中心城市的语言景观，而对乡村语言景观的关注力度明显不够。因此，本书对乡村语言景观展开调查研究，将具有重要的理论意义和实践意义。

1. 理论意义

自语言景观理论提出以来，国内外学界对语言景观展开了理论与实证研究，特别是国外研究方面，取得了较为丰硕的成果。但就我们国家而言，语言景观研究还刚刚起步，无论是理论研究还是实证研究都有待提高。本书以乡村为研究对象，探讨其语言景观特征、地理分布情况、城乡语言景观差异以及规范化等命题，这将有助于丰富国内语言景观理论与实证研究，提高我国语言景观研究的理论水平；另一方面，乡村语言景观是乡村生态的重要组成部分，反映了基层相关部门公共语言服务能力、语言规划与语言政策执行情况等。因此，本书有助于促进基层语言规划与语言政策、语言服务、语言生态、语言和谐等命题的理论研究。此外，本书探讨的乡村语言景观，与乡村规划、乡村形象、乡村发展等主题都有着密切关系，也将有助于推动以上主题的研究。

2. 实践意义

当前很少有研究者对乡村语言景观展开系统研究。本书的研究结果便于地方相关部门了解乡村语言生态现状，完善乡村语言规划，提高乡村公共语言服务和管理水平，进而提升乡村对外形象。此外，在乡村振兴和美丽乡村建设时代背景下，本书研究成果便于相关部门完善美丽乡村建设考评标准，助推乡村振兴评价机制建设，为政策制定提供理论依据。

二、语言景观的概念与功能

（一）语言景观的概念

"语言景观"概念最早于1997年由 Landry 和 Bourhis 两位研究者提出，在 *Linguistic landscape and ethnolinguistic vitality*：*An empirical study*[①] 一文中，作者指出：语言景观是"特定地域或区域内公共和商业标志上的语言的可见性和显著性"，"公共道路标识、广告牌、街道名称、地名、商店标识和政府建筑上的公共标识的语言，共同构成了特定区域或城市群的语言景观"。[②] 这是当前学界有关语言景观研究中认可度最高的定义。此外，也有其他研究者对语言景观概念进行了探讨。如西方有研究者提出：语言景观是"标识公共空间的语言物件"，是"公共领域中可见的书写形式语言的应用"，是"公共空间的象征性建构"，"是以文本为媒介并利用符号资源所进行的空间话语建构"等。[③]

近年来，随着语言景观研究的逐渐深入，语言景观考察的对象有扩大化的趋向。除了经典定义所界定的公共空间，如道路标识、广告牌、街牌、路牌、商店招牌、建筑牌等固定、静态空间之外，还包括文化衫、车身广告、涂鸦、网页、游行标语、宣传单、车票、纹身、语音广播等非典型语言标牌。与典型语言标牌的固定、静态等特征相比，非典型语言标牌具有明显的移动性、变化性、多元性特征。

本书考察的主要是典型范畴的语言标牌。

（二）语言景观的功能

Landry 等（1997）认为，语言景观具有两大功能：信息功能（informational

---

① 该文献的中文翻译为《语言景观与民族语言活力：一项实证研究》。

② LANDRY R, BOURHIS R Y. Linguistic landscape and ethnolinguistic vitality: An empirical study[J]. Journal of Language and Social Psychology, 1997, 16(1): 23-49.

③ 尚国文. 语言景观研究的视角、理论与方法 [J]. 外语教学与研究，2014（2）：214-223.

function）和象征功能（symbolic function）。其中信息功能是"作为特定语言群落所处地理区域的独特标志""为群体成员和群体外成员提供了他们所进入地区的语言特征、领土界限和语言边界的信息"。① 比如，某地英语标牌分布数量比较多，我们可以判断英语是该地区的主要语言；某地标牌上语种数量比较多，我们可以判断此地是多语共存的社区。语言景观的象征功能"可以象征某个语言群体在人口和制度控制方面的力量或活力"，"意味着其已经在经济、大众媒体和教育、卫生、国防和民政等国家职能的关键部门获得了一定程度的机构控制。……还象征着本民族语言群体在文化生产、商业和宗教活动等其他制度支持领域的生命力。因此，在语言景观的特定领域中，竞争语言的存在或缺失可以象征在群体间环境中竞争的民族语言群体的力量或弱点"。② 比如，某地语言标牌中主导语言是英语，说明官方认可英语的主导地位，这便使得此地讲英语的语言群体在社会身份上相对于其他语言群体更具有优势地位。

在语言景观的两种功能中，信息功能是显性功能，象征功能是隐性功能。语言景观研究的重点是探讨其象征功能，通过语言景观挖掘其背后的语言权势、身份认同、文化意识等。

三、研究方法与研究内容

（一）研究方法

第一，田野调查法。本书将选取有代表性的乡村开展实地取材拍摄，拍摄对象包括乡村宣传牌、信息公示牌、村民住宅门牌、道路名、交通指示牌、建筑名、警示牌、广告牌、商铺招牌、横幅、乡村文化墙等。

第二，比较法。本书对官方与非官方标牌语码类型分布情况、不同乡村语

① LANDRY R, BOURHIS R Y. Linguistic landscape and ethnolinguistic vitality: An empirical study[J]. Journal of Language and Social Psychology, 1997, 16(1): 23-49.
② LANDRY R, BOURHIS R Y. Linguistic landscape and ethnolinguistic vitality: An empirical study[J]. Journal of Language and Social Psychology, 1997, 16(1): 23-49.

言景观的差异、主城区与乡村语言景观特点分别进行比较。通过比较，揭示不同标牌设立主体、不同乡村以及城乡在语言景观选择上的异同之处。

第三，定性与定量研究法。本书对收集的各类标牌语言数量和种类、双语标牌中各语种分布、文本互译、语码取向、功能类型等分别进行统计，并对统计后的语言景观特征等进行了定性分析。

第四，文献研究法。本书研究涉及多学科知识，如语言景观、乡村振兴、社会语言学、语言政策与规划、文化学、经济学等，在写作过程中，研究者对各学科相关知识均进行了认真研读。

（二）研究内容

1. 乡村标牌语言景观的分布情况

本书将以长沙市的部分乡村为调查区域，采用田野调查法搜集乡村公共场所的语言标牌，并按照语言景观样本取样原则对标牌进行整理、标注和统计，分析乡村语言景观的特点，包括语码使用情况、双语标牌中的优势语码及文本互译情况，以及官方标牌与私人标牌在语码选择与组合、语言景观功能分布、语码取向、字刻、置放等方面的特点，并从语言景观构建原则、语言景观的功能、官方与私人语言景观异同等方面展开讨论。

2. 乡村语言景观的地理分布

在对长沙市周边乡村语言景观分布情况整体分析的基础上，本书对各乡村语言景观地理分布的差异进行了比较。首先，从语言景观数量、语言组合模式、双语现象分布、文本互译类型、不同设置主体标牌的比重、私人标牌行业类型分布等六个方面分析不同乡村语言景观差异的表现，然后从乡村区位条件、乡村产业格局发展定位、国家和地方乡村政策的促进作用等方面分析差异形成的原因。

3. 城乡语言景观的对比研究

为更好地体现乡村语言景观的特点，本书还对长沙市主城区语言景观进行了调查,并按照语言景观样本取样原则对标牌进行整理、标注和统计,分析长沙市主城区语言景观的特点,并与乡村语言景观的异同之处进行了比较。

4.乡村语言景观的规范化研究

在对长沙市乡村语言景观全面调查与分析的基础上,本书结合乡村振兴时代背景,深入探讨了乡村语言景观的规范化,涉及乡村语言景观存在的问题、乡村语言景观规范化的原则与规范的路径等三个方面。

四、数据收集与调查过程

(一)调查区域概况

本书以长沙周边的5个国家级文明村为调查区域。近年来,长沙在国内外的知名度越来越高。作为湖南省的省会城市,长沙是"国家级"都市圈——长株潭都市圈的中坚力量,也是国家重要的农业大市。据长沙市农业农村局官网显示,截至2021年12月14日,长沙共有74个乡镇、875个行政村、1万个自然村落。农村常住人口达174万人,其中农业从业人口为64.4万人。该市所辖区域中,望城区、浏阳市、长沙县、宁乡县均为国家或省级重要产粮地区和生猪调出大县。全市拥有14家国家级农业产业化龙头企业,如袁隆平农业高科技股份有限公司、红星实业集团有限公司、长沙马王堆农产品股份有限公司等;6家农业上市企业,2.8万家新型农业经营主体。近年来,全市共建设了78个省级美丽乡村示范村,24个特色小镇。[①] 考虑到样本的代表性,本书选取了其中5个乡村作为研究对象,这些乡村均为近年来建设的省级美丽乡村和国家级文明村,荣获过多项重要奖励,并且主城区和非主城区都有分布。下面将分别对长沙市及本次调查的5个国家级文明村作简要介绍。

---

① 长沙市农业农村局.长沙市农业农村基本情况 [EB/OL].(2022-12-23)[2023-06-15].
http://nyw.changsha.gov.cn/nync/nyncgk/201707/t20170701_2841286.html.

1. 长沙市概况

长沙，别名星城。是湖南省的省会城市，面积约1.18万平方千米，2022年全市常住人口为1042.1万人。在行政区划上，长沙市共管辖芙蓉区、岳麓区、天心区、开福区、雨花区、望城区等6区，以及浏阳、宁乡2市，外加长沙县。自秦汉以来，长沙便是三湘大地的政治、经济、军事、文化、教育、科技的中心。

长沙位于湖南省东部偏北方向，其西边坐拥著名风景区岳麓山，湘江之水将这座城市分为东西两边，橘子洲则静卧江心。长沙以其秀丽的自然风景而著称，有"山水洲城"之美誉。1982年，国务院公布了首批全国24个历史文化名城，长沙入选。作为一座有着3000多年文字记载的古老城市，长沙具有浓厚的历史文化底蕴，是湖湘文化的发源地。文化环境方面，从古代到近现代，长沙涌现出了众多知名的历史人物，军政界名人如黄兴、谭嗣同、左宗棠、曾国藩、章士钊、毛泽东、刘少奇、贺龙、肖劲光、龙永图等，学界名人如欧阳询、怀素、金岳霖、田汉、陈寅恪等。长沙历史遗迹非常丰富，如岳麓书院、开福寺、天心阁、爱晚亭、第一师范、马王堆汉墓、屈子祠、麓山寺、贾谊故居、坡子街、太平街、潮宗街、黄兴路、白沙井等。

1978年改革开放以来，长沙进入快速发展阶段，在政治、经济、文化等方面均取得了突出成就。如2007年，长株潭城市群获批成为全国资源节约型和环境友好型社会建设综合配套改革试验区；2022年1月30日，长株潭城市群正式获批成为中部地区首个"国家级"都市圈。无论是长株潭城市群还是长株潭国家级都市圈，长沙都是该城市群或都市圈建设中名副其实的核心引领者和中坚力量。2018年，长沙 GDP 突破万亿，成为全国 GDP 增速最快的城市之一。经济总量"跃居全国城市第14位、省会城市第6位，跃升幅度居同期全国城市前列，成为省会城市竞争和全国区域经济发展的成功'逆袭者'，被誉为'黑马长沙'"。[①] 交通方面，当前，长株潭城际铁路、湘江新区综合交通枢纽、湘江

---

① 张沁，杨惠.70年湖南成就：长沙 GDP 从不到3亿跃升至突破万亿 [EB/OL].（2019-09-27）[2023-06-15]. https://hn.qq.com/a/20190927/001226.htm.

长沙综合枢纽、长沙磁浮快线等重要交通项目已建成，长沙"四位一体"的交通网络日益畅通，是中部地区最大的高铁枢纽城市，大大提升了长沙的区位优势。2021年8月，长沙高铁西站已开工。"长沙高铁西站是我国'八纵八横'高铁网中'厦渝通道'的重要枢纽……将成为串联川渝、湘赣、闽粤的重要交通枢纽。"预计2025年投入使用，届时长沙将迈入"双高铁枢纽"时代。[①]文化产业方面，近年来，长沙凭借其在广电、出版、演艺等方面的"湘军"人才，文化建设成就突出，成为长沙市重要支柱产业。先后建设了多家文化产业园，如长沙国家动漫游戏产业振兴基地、湖南雨花创意产业园、长沙芙蓉文化创意产业发展区等，以及多个长沙文化产业示范基地，如田汉大剧场、金鹰影视文化城、长沙星沙湘绣城、岳麓区文化艺术产业园等，培育了一批重点文化产业企业，如湖南电广传媒股份有限公司、中南出版传媒集团股份有限公司、长沙晚报报业集团、湖南拓维信息系统股份有限公司等。文化融合多元，如"文化＋科技""文化＋旅游""文化＋消费""文化＋投资""文化＋会展"等。近年来，长沙晋升为全国知名网红城市，有岳麓山、橘子洲、世界之窗、湖南省博物馆、靖港古镇等49家 A 级景区，成为年轻人休闲旅游的目的地，每年接待大批游客。2017年，长沙被联合国教科文组织授予世界"媒体艺术之都"光荣称号，是中国唯一一个获此殊荣的城市，越来越具有"国际范"。[②]

2. 长沙周边 5 个国家级文明村概况

(1) 坪头村

坪头村为长沙市浏阳市永安镇下属的行政村，距长沙市区约30千米，交通比较便利，南靠黄花机场后勤保障基地，北临捞刀河，西边坐拥有国家级再制造示范基地美誉的湖南浏阳制造产业基地，区位优势非常明显。该村村域面积

① 周可，刘武，张德新，等.2025年长沙将迈入"双高铁枢纽"时代，5小时通达9城市[EB/OL].（2021-08-26）[2023-06-15]. https://cs.rednet.cn/content/2021/08/26/9851505.html
② 长沙市统计局.长沙文化产业发展现状与问题研究[EB/OL].（2019-01-01）[2023-06-15]. https://www.sohu.com/a/286146000_152615.

为9.18平方千米，下辖33个村民小组，1226户，5240人。近年来，坪头村探索出以"党建＋""屋场＋""乡贤＋"等"N＋治理模式"，鼓励人人参与乡村治理工作，村容村貌得到了明显改善。先后获得了第六届全国文明村镇、湖南省乡村振兴示范创建村、湖南省美丽乡村建设示范村、第一批全国"一村一品"示范村镇（永安超米）等荣誉称号。①

（2）**大龙村**

大龙村为长沙市望城区茶亭镇下属的行政村，距长沙市区约50千米。该村地处茶亭镇最北端，地理位置比较偏僻。该村村域面积为10.93平方千米，下辖52个村民小组，1469户，5822人。近年来，该村积极打造美丽乡村，引进了一批现代农业、特色农业、科技农业项目，创建了"自治＋法治＋德治"相结合的农村基层治理模式。先后获得了第五届全国文明村镇、湖南省美丽乡村建设示范村、湖南省宜居宜业人居环境示范村、湖南省乡村振兴示范创建村、湖南省综合减灾示范社区、湖南省卫生村、长沙市望城区先进基层党组织、长沙市示范化"五化"党支部等荣誉称号。②

（3）**静慎村**

静慎村为长沙市望城区茶亭镇下属的行政村，毗邻大龙村，距长沙市区约50千米。该村地处长沙市望城区最北端，地理位置比较偏僻。静慎村村域面积为9.2平方千米，下辖34个村民小组，1609户，9880人。近年来，静慎村坚持"党建引领，乡贤共建"的工作主线，充分发挥村级社会组织的积极作用，探索出了"合作社＋基地＋农户"的经营模式，形成了红薯、生态椒、油茶、香米

---

① 刘宾，舒展.浏阳市永安镇坪头村："N+"治理模式让群众收获满满幸福感 [EB/OL].（2018-12-07）[2023-06-15].http://hssq.voc.com.cn/content-2474-5.html.

② 湖南省长沙市望城区茶亭镇大龙村 [EB/OL].（2018-12-07）[2023-06-15]. http://www.tcmap.com.cn/hunan/wangchengxian_chatingzhen_dalongcun.html.

等地方特色品牌，年产值达千万元，解决了500多人的就业问题。①此外，该村乡贤文化艺术节入选了2019年"中国农民丰收节"100个乡村文化特色活动。②先后荣获了第六届全国文明村镇、第一批国家森林乡村、全国乡村治理示范村、湖南省美丽乡村建设示范村、湖南省乡村振兴示范创建村、湖南省卫生村、长沙市示范化"五化"党支部、长沙市2019年度移风易俗十佳村、长沙市党员教育培训示范基地、湖南省农业科学院乡村振兴研究示范基地等荣誉称号。③

（4）新明村

新明村为长沙市长沙县果园镇下属的行政村，位于果园镇、路口镇、春华镇三镇交会处，距长沙市区38千米。新明村村域面积为10.86平方千米，下辖14个村民小组，651户，2168人。近年来，新明村通过土地流转、增加就业、鼓励创业等举措，农民收入大幅度增加，并形成了有机稻、有机蔬菜、有机水果，以及鲜花种植等产业格局。先后荣获了第六届全国文明村镇、湖南省乡村振兴示范创建村、湖南省两型示范村、湖南省美丽乡村建设示范村、湖南省农村综合性改革试点村、长沙市垃圾分类示范村、长沙市文明村、长沙市两型示范村、长沙县农村精神文明建设示范村等荣誉称号。④

（5）学华村

学华村为长沙市岳麓区学士街道下属的行政村，位于学士街道北部。该村村域面积为18.81平方千米，下辖55个村民小组，2779户，8499人。学华村交

① 朱华.静慎之变：来自望城区茶亭镇静慎村的调查报告[EB/OL].（2020-11-09）[2023-06-15].https://baijiahao.baidu.com/s?id=1682834912197579839&wfr=spider&for=pc.

② 贺威."乡贤"治村乡村治[EB/OL].（2021-02-05）[2023-06-15].https://baijiahao.baidu.com/s?id=1690898060106726868&wfr=spider&for=pc.

③ 湖南省长沙市望城区茶亭镇静慎村[EB/OL].http://www.tcmap.com.cn/hunan/wangchengxian_chatingzhen_jingshencun.html.

④ 梁焕鑫，陈彬彬.喜报！果园镇新明村荣获"全国文明村"称号[EB/OL].（2020-11-21）[2023-06-15].https://xingshashibao.icswb.com/h/101691/20201121/647917.html.

通便利，毗邻长潭西高速入口，距长沙市区只有15分钟左右的车程。周围几千米内有长沙市洋湖湿地公园、大王山旅游度假区等景点，以及大中小学、超市、电影院、居民区等，人口流动比较频繁。近年来，学华村凭借其优越的区位优势，打造出了"农旅产业项目＋企业＋合作社＋物业经济"的经营模式，成立了多家公司，开发了农业旅游项目——农趣谷，招商引进了多家产业项目，并实现了农产品"电商＋直播"的销售形式，搭建了"网络＋公益＋助农"的益农平台。据统计，2021年，学华村集体收入达500多万元，带动农民收入达3000多万元。先后荣获了第五届全国文明村镇、湖南省美丽乡村建设示范村、湖南省两型示范村、新时代文明实践站、集体经济强村等荣誉称号。①

（二）调查过程

2022年4月份，笔者熟悉了调查区域的相关概况、制作了调查问卷，并确定了语言标牌采集的方法和注意事项。2022年5月1—6日，笔者驱车对上述5个乡村分别进行了调研，为了确保语言标牌取样的一致性，所有区域的拍摄工作均由笔者一人完成。由于笔者家住长沙市岳麓区，根据由近及远的原则，2022年5月1日，笔者调研了离家较近的学华村，拍摄了梧桐大道两侧、学士小区内、农趣谷郊野公园内、农溪湖现代农庄内及其周边学华村村民住宅可视范围内的所有语言标牌，并对部分村民展开了访谈。2022年5月2日，笔者驱车去大龙村调研，拍摄了包括村委会所在街道、苏蓼垸农业公园、北湖公园及附近各组村民住宅可视范围内的所有语言标牌，并对部分村民展开了访谈。2022年5月3日，调研地点为静慎村，笔者拍摄了乡贤桥、乡贤文化广场、静慎村村委会、金种子屋场、诚信屋场、尤布冲屋场等可视范围内的所有语言标牌，并对部分村民展开了访谈。2022年5月4日，笔者去坪头村调研，拍摄了包括坪头村村委会马

① 张帅，余树林.岳麓区学士街道学华村，正向循环发展，实现绿色崛起[EB/OL].（2022-06-13）[2023-06-15]. https://xingshashibao.icswb.com/h/101691/20201121/647917. html.

路两侧、华山屋场、丰术屋场、土岭屋场、上新屋场等可视范围内的所有语言标牌，并对部分村民进行了访谈。2022年5月5日，笔者驱车去新明村调研，拍摄了包括新明村村委会、有机健康谷、长沙有机谷、迪为农业有限公司、党建法治廉政园及该村各组村民住宅可视范围内的所有语言标牌，并对部分村民展开了访谈。2022年5月6日，考虑到前几天五一假期，部分村委会无人上班，笔者致电部分村委会干部，了解相关村庄语言景观建设与维护情况，并及时进行了整理。

需要说明的是，上述各乡村可视范围内的语言标牌均为穷尽式拍摄，具体包括乡村路牌、警示牌、村庄牌坊、乡村导览图、横幅、文明村主题宣传栏与宣传牌、乡村文化墙、商店招牌、海报、村委会与村党支部门牌，以及邮局、银行、卫生室、学校、电信等服务机构的门牌，以及乡村路长、卫生评比、村务公开等公示牌。

（三）样本统计

在对各村调查过程中，我们采用了数码相机对乡村公共场所可视范围内的语言标牌进行了穷尽式拍摄。5个调查区域累计拍摄了3000余张照片。在确定语言景观样本过程中，我们遵循了Backhaus（2006）的取样标准，即"每一个语言实体无论其大小，在统计时都应算作一个标牌"。[①] 同时，还满足以下取样标准：第一，如果一个载体有多个面，则每个面都是一个样本；第二，村民住宅门牌，每个村每个组只取一块计入样本；第三，同一调查区域相同文字的语言标牌重复出现时，只计一个样本；第四，村民家门口张贴的对联不计入统计样本；第五，字迹不清晰或没有文字内容的标牌不计入统计样本；第六，有文字内容的乡村文化墙，每一个独立墙面算作一个样本，不论墙面长度或高度的多少。

---

① BACKHAUS P. Multilingualism in Tokyo: A look into the linguistic landscape[J]. International Journal of Multilingualism, 2006(1): 52-66.

在以上取样标准的基础上，我们对所有采集的语言标牌进行了分类整理，最终获得有效样本数量如下：坪头村474块、大龙村394块、静慎村504块、新明村415块、学华村801块，累计标牌数量为2588块。然后分别从标牌语言数量与种类、多语标牌语言使用情况、官方标牌与私人标牌语言景观的功能和数量等方面对每块语言标牌进行归类统计。

（四）语言归属说明

调查发现，标牌上语言分布情况存在一定的特殊之处。如有的标牌存在繁体字、汉语拼音的情况，我们统一将其纳入汉语范畴。有的标牌上有外语字符出现，如网址、国际度量衡单位的缩写形式，如 m（米）、kg（千克）、F（楼层）等，其他英文单词的缩写形式，如 №（编号）、TEL（电话）、E 站等，有这些符号存在的标牌我们都纳入有外语标记的标牌范畴。按照以上界定，如果标牌为"汉语拼音＋汉语"，则记为汉语标牌；如果标牌为"网址＋汉语"，则记为汉英双语标牌，其他以此类推。需要说明的是，本次调查的2588块语言标牌上，没有纯汉语拼音或纯外文标牌，也没有"汉语拼音＋英文缩写/外语"形式的标牌。

五、本章小结

本章是全书的开篇部分。我们先后探讨了本书的选题背景与意义、语言景观的概念与功能、研究方法与研究内容、数据收集与调查过程等四个方面的内容。其中数据收集与调查过程这部分内容涵盖了调查区域概况、调查过程、样本统计、语言归属说明等信息。以上内容为全书后面相关章节的研究提供前期铺垫。

第二章　国内外语言景观研究现状与述评

语言景观研究已成为社会语言学的一个研究热点。本章将对国内外语言景观研究情况进行梳理，并分析其不足之处。

一、国外语言景观研究概况

国外语言景观研究早在20世纪70年代就已萌芽。如 Rosenbaum 等调查了耶路撒冷语言标识上语言选择的差异；Tulp 探讨了布鲁塞尔广告牌上法语与荷兰语的分布差异；Spolsky 等也对公共空间的语言标识进行了探讨。[①] 但总体而言，这期间"语言景观"概念尚未界定，研究成果比较零散，不成体系。

20世纪90年代后，语言景观研究逐渐深入。最有代表性的成果如 Landry 等首次提出"语言景观"的概念和功能，认为语言景观指"特定地域或区域内公共和商业标志上的语言的可见性和显著性"，"公共道路标识、广告牌、街道名称、地名、商店标识和政府建筑上的公共标识的语言，共同构成了特定区域或城市群的语言景观"。"语言景观具有信息功能和象征功能。"[②] 该文有关语言景观概念和功能的观点被学界广为引用，一时间引领了语言景观理论探索的热潮，学界围绕语言景观的概念、语言景观的功能、语言景观研究框架、研究方法等命题展开了系列探索。

---

① 徐著.北京市语言景观调查研究 [M].上海：上海三联书店，2020.

② LANDRY R, BOURHIS R Y. Linguistic Landscape and Ethnolinguistic Vitality: An Empirical Study[J].Journal of Language and Social Psychology, 1997(1)：23-49.

21世纪后，国外语言景观研究进入快速发展阶段。研究队伍不断扩大，符号学、经济学、广告学、传播学、地理学等学科背景的研究者也纷纷加入语言景观研究阵营，客观上扩大了研究队伍。研究者召开了语言景观研究学术会议，成立了研究小组，主办了专业学术期刊，出版了大量研究成果，研究内容包括语言景观概念、理论建设、研究方法、实际应用等各个方面，并为其他学科发展贡献了新的研究视角和知识体系。[1]

本节我们将对国外语言景观研究理论和相关研究热点分别进行简要介绍。

（一）国外语言景观研究理论

1. 语言景观构建原则

Ben-Rafael 借助于哈贝马斯的"公共领域理论"，提出了语言景观构建的四项原则：[2]

第一，自我展示原则或突显自我原则。该原则与高夫曼（Goffman）的"自我表现理论"密切相关：该理论将人际交往中的个体看作演员，为实现个体利益，人际交往中个体总是倾向于将符合个人利益的形象展示给对方。在语言景观构建中，各种语言标牌实际上处于竞争关系中，哪些标牌能吸引过路行人的关注，取决于其标新立异的程度。语言景观自我展示原则（突显自我原则）对语言标牌设立者具有重要启示作用，提示标牌设立者要注意标牌创作的标新立异和与众不同。

第二，充分理性原则。如果说标牌设立者因突显自我而变得与众不同，那么充分理性原则则是标牌设立者的共性所在，即理性满足标牌阅读者的需求。比如在商业类语言标牌中，我们不难发现，虽然标牌形式各不相同，但几乎所

---

[1] 徐茗.北京市语言景观调查研究 [M].上海：上海三联书店，2020.

[2] BEN-RAFAEL E, SHOHAMY E, AMARA M H, et al.. Linguistic landscape as symbolic construction of the public space: the case of Israel[J]. International Journal of Multilingualism, 2006, 3(1): 7-30.

有语言标牌都强调舒服、高档、潮流等取向，借此满足广大消费者的内在需求与期望。

第三，集体认同原则。语言标牌常与身份认同相关，通过标牌上的身份特征，获得特定群体的心理认同。如旅游景区语言标牌上出现了少数族裔的语言，则容易获得这部分群体的心理认同，吸引他们成为景区潜在客户，从而产生预期的经济效益。

第四，权势关系原则。该原则实际上反映了不同群体对语言资源的影响程度。一般而言，强势群体会通过语言标牌对弱势群体的语言运用施加影响。比如，政府机构可通过对语言标牌的管理，体现自己的语言政策、语言方针等。因此，人们不难发现，在一个国家或地区，标牌上占主导地位的语言一般是这个国家或地区的官方语言或法定语言。[①]

需要说明的是，在标牌设立过程中，以上原则并不是同等重要，需视具体情况而定。

2. 语言选择理论

Spolsky 提出了语言选择理论，认为语言标牌上的语言选择要遵守以下三个条件：第一，采用标牌创立者熟悉的语言。第二，采用目标读者能看懂的语言，这也是为什么有些外国人或少数民族聚居区常有汉外双语甚至多语标牌的原因。第三，采用标牌创立者自己的语言，这个条件能够揭示语言标牌设立者的族群身份信息。以上三个条件中，条件一是语言选择的必要条件，条件二、三是典型条件。[②]

---

① 尚国文，赵守辉.语言景观的分析维度与理论构建 [J].外国语，2014（6）：81-89.

② SPOLSKY B. Prolegomena to a sociolinguistic theory of public signage[A].SHOHAMY E, GORTER D. Linguistic Landscape: Expanding the Scenery[C].London: Routledge, 2009: 25-39.

3. 语言景观三维分析模型

20世纪50—80年代，法国马克思主义哲学家、社会学家亨利·列斐伏尔（Henri Lefebvre）提出了"空间"理论，其著作《空间的生产》（*La production de l'espace*）被称为空间分析的经典之作。"他将空间分析与符号学、身体理论以及日常生活结合在一起，开启了社会批判理论的新方向——空间转向或者地理学转向，即把空间维度带回社会批判理论，从空间视角重新审视社会。"[①]

在列斐伏尔的空间理论中，影响最大的是"三元空间理论"，该理论在当代城市实证研究中得到广泛引用。从结构上看，"三元空间理论"包括"空间性实践"（spatial practice）、"对空间的再现"（the representation of space）、"表现的空间"（representational space）三种内容，分别对应于"被感知之物"（the perceived）、"被构想之物"（the conceived）和"活生生之物"（the lived）。从关系上看，它可以用来解释存在于"精神空间""物质空间""社会空间"之间的关系。其中，"空间性实践"包括了"生产和再生产，包括在一个空间中的特定位置和每种社会形态特有的空间性聚落"；"对空间的再现"指"对一个社会空间中有关生产和再生产的社会关系进行的特定再现，尤其是指那些被构想出来的、理想型的并且占据支配地位的符号或象征"；"表现的空间"指"一些图像和一些符号所呈现出的一个社会空间中活生生的、经验的那一部分"。[②]

受列斐伏尔三元空间理论影响，Trumper-Hecht 提出了语言景观研究的三个维度：实体维度、政治维度、体验维度，三者分别对应于列斐伏尔的空间性实践、对空间的再现、表现的空间。其中实体维度指人们能够观察、记录的语言标牌实际情况；政治维度指语言景观中反映的意识形态和隐性语言政策；体验维度主要是语言标牌接受者对语言景观的主观态度和认知。[③]

---

① 潘可礼. 亨利·列斐伏尔的社会空间理论 [J]. 南京师大学报，2015（1）：13-20.

② 林叶. 城市人类学再思：列斐伏尔空间理论的三元关系、空间视角与当下都市实践 [J]. 江苏社会科学，2018（3）：124-135.

③ 尚国文，赵守辉. 语言景观的分析维度与理论构建 [J]. 外国语，2014（6）：81-89.

4. 场所符号学理论

场所符号学理论由 Scollon 等提出，作为地理符号学下属的一个分支，场所符号学是一套可以分析实际环境中语言符号系统的框架，由语码取向、字刻、置放等子系统构成。其中，语码取向反映了多语标牌上不同语言的优先顺序。一般而言，当文字呈包围式排列时，位于标牌中心位置的是优势语码；当文字呈横向排列时，位于标牌上方的是优势语码；当文字呈纵向排列时，位于标牌左侧的是优势语码。

字刻是标牌语言呈现方式的意义系统，由标牌字体、材质、状态变化等组成。其中标牌字体包括文字的书写方式，如印刷体、手写体、专业字体等，此外字号的大小、字体颜色等也能传达不同意义；标牌材质指的是文字的物质载体，如金属、纸板、墙壁、塑料、帆布等，标牌材质的新旧程度、质量的优劣等都能产生一定的意义；状态变化如商场霓虹灯的开或关能表示营业状况等。

置放指的是标牌设置的不同位置所表达的不同意义。标牌置放有三种形式：去语境化置放、越轨式置放、场景化置放。其中去语境化置放指标牌出现的位置不受环境影响，标牌语言文字不受环境影响而改变，这主要指商标品牌。越轨式置放指标牌被置放在不正确的位置，而场景化置放指标牌置放在适当的位置，发挥了应有的功能。[①]

5.SPEAKING 模型

Hymes 提出了 SPEAKING 交际模型。其中"SPEAKING"8个字母分别代表了言语交际构成因素：背景和场合（setting and scene）、参与者（participants）、目的（ends）、次序（act sequence）、基调（keys）、媒介（instrumentalities）、规约（norms）、体裁（genres）。[②]Huebner 提出基于 SPEAKING 模式分析标牌

---

① 尚国文，赵守辉. 语言景观研究的视角、理论与方法 [J]. 外语教学与研究,2014（2）:214-223.

② 王文捷，黄建凤. 从海姆斯的 SPEAKING 模式探析口译员跨文化调停者角色 [J]. 广西民族大学学报，2010（6）:163-167.

语言景观的主张，以此梳理语言形式与社会意义之间的关系。认为：①在背景与场合上，语言景观研究可分析标牌置放的语境所构建的意义；②在参与者方面，可分析语言景观设立者与预期读者；③在目的上，可分析语言景观设立的功能；④在行为次序方面，可分析标牌上语言文字的排列次序、信息呈现等；⑤在基调方面，可分析文字密度、信息明确程度、语码取向；⑥在媒介方面，可分析词汇、句法等语域方面的内容；⑦在规约方面，可揭示语言标牌所涉人群和言语社区的特征和意义；⑧在体裁方面，可对语言标牌进行分类研究。①

（二）国外语言景观研究的热点

1. 多语语言景观

Backhaus 对东京地铁沿线车站多语景观进行了研究，发现官方与非官方语言标识所包含的语言及其在符号上的排列存在本质上的不同。这些差异与权力和团结存在密切关系。官方标识的设计主要是为了表达和加强现有的权力关系，而非官方标识则利用外语来与非日语的事物交流团结。这两种标识都在改变东京的语言环境。②Grbavac 对波黑莫斯塔尔市六个调查区域的1100个语言标识进行了数据分析，认为莫斯塔尔的语言景观受民族语言构成、地理分布、权力关系、声望、象征价值、生命力和文化素养等因素的影响，具有比较明显的多语种特点。③Kasanga 研究了柬埔寨金边商业区周边语言景观中符号的分布模式，发现柬埔寨官方语言高棉语（Khmer）是语言版图中最突出的语言，其次是英语。英语的高知名度令人瞩目，其优势导致法语逐渐被取代。援助杠

---

① 尚国文，赵守辉.语言景观研究的视角、理论与方法 [J].外语教学与研究,2014（2）:214-223.

② BACKHAUSE P. Multilingualism in Tokyo: A look into the linguistic landscape[J]. International Journal of Multilingualism, 2006, 3(1): 52-66.

③ GRBAVAC I. Linguistic landscape in Mostar[J].linguistics, 2013, 14(2-3): 501-515.

杆、全球化、中产阶级化、对语言态度的代际变化、新的教育语言政策和现代柬埔寨复杂的历史是该地"多语言化"快速发展以及英语在图形环境和社会经济中崛起的重要因素。[①]Woo 等研究了吉隆坡国际机场两个航站楼的语言景观，研究表明在所有多语言标识中，马来语占据主导地位，马来语是马来西亚唯一的国语和官方语言；英语是仅次于马来语的第二重要语言，也是国际交流的语言；日文、阿拉伯文和中文在一个自上而下的系统中具有同等的优先级；机场使用者大多认为马来西亚机场的指示牌应同时使用马来语和英语，并对马来西亚机场的多语言环境感到满意。然而，一些当地的马来西亚人强烈认为，泰米尔语应该加入到标识中。[②]Fakhiroh 等探讨了印尼 Sidoarjo 市公共场所和主要街道上的语言标识，研究发现印尼语在语言环境中占主导地位。英语比阿拉伯语更常用。爪哇语虽然是 Sidoarjo 社会大多数人的母语，但很少使用。

2. 语言景观与英语全球化

Huebner 研究了曼谷15个社区的语言景观，发现英语在私人语言景观中发挥着重要作用，汉语的地位逐渐被英语取代。英语对泰语发展的影响，不仅体现在词汇借用方面，在正字法、发音和句法等方面也都有影响。与此同时，该研究还提供了泰国英语出现新变体的证据，以及在曼谷的语言环境中，英语的普及对年轻人语言能力（包括泰语和英语）的影响。[③]Lavender 分析了厄瓜多尔阿佐格语言景观中英语的使用情况，研究发现无论是双语标识还是单语标识，英语的使用都相当普遍。从品牌语言学的角度来看，英语的使用是一个有

---

① KASANGA,L. Mapping the linguistic landscape of a commercial neighbourhood in Central Phnom Penh[J]. Journal of Multilingual and Multicultural Development, 2012, 33(6):553-567.

② WOOW S, PATRICIA N R. Linguistic landscape in Kuala Lumpur international airport, Malaysia[J]. Journal of Multilingual and Multicultural Development, 2020, 43(5):1-20.

③ HUEBNER T. Bangkok's linguistic landscapes: environmental print, codemixing and language change[J].International Journal of Multilingualism, 2006, 3(1): 31-51.

效的工具，可以提高品牌对消费者的影响力，因此在品牌推广中常被考虑在内。①Pitina从多语言扩展的角度对语言景观多样性进行了整合的认知、语言和文化研究，旨在概述和分析英语对俄罗斯现代城市空间的影响特点。文章提出并证实了英语对俄罗斯三个现代城市语言景观的影响是商业场所命名的一个规律性过程，通过不同类型的人机命名以多种方式实现，以满足顾客的需求。从语言和文化研究的角度来看，地方城市空间是一个复杂的系统。城市命名的提名过程结合了地方性和全球性趋势。城市全球化是命名的一个主要普遍趋势，它体现在英语对现代语言景观特别是城市地名的影响上。研究表明，英语的影响是在全球本土化中实现的，即英语和俄罗斯城市地名的地方特色并存。英语化的倾向和机制包括语言时尚和创造力。②

3. 语言景观与少数民族语言

Cenoz等研究了荷兰弗里斯兰和西班牙巴斯克两个多语言城市的975块语言标识，从语言符号上分析了少数民族语言（巴斯克语或弗里斯兰语）、国家语言（西班牙语或荷兰语）和英语作为国际语言的使用情况。并将这些语言的使用与这两种环境中有关少数民族语言的语言政策的差异以及英语在欧洲的传播进行了比较。研究认为，语言环境与有关少数民族语言的官方语言政策有关，这两种环境之间存在重要差异。③Angermeyer调查了多伦多语言环境中为说匈牙利语的罗姆人提供庇护申请的语言标识，发现这些标识是由机构代理人制作，表面上看是匈牙利语，但由于代理人经常使用机器翻译，产生了不符合语法的文本。根据民族志访谈可知，虽然机构代理人可能会将多语言标识的产

---

① LAVENDER J. English in Ecuador: a look into the linguistic landscape of Azogues[J]. Journal of Multilingual and Multicultural Development, 2020, 41(5): 383-405.

② PITINA S. English influence on linguistic landscape of modern russian cities[J]. International Journal of English Linguistics, 2019, 10(1): 61.

③ CENOZ J, GORTER D. Linguistic landscape and minority languages[J]. International Journal of Multilingualism, 2006, 3(1): 67-80.

生视为对移民开放思想的表现，但罗姆人的受访者可能会将公共秩序标识视为通过预设偏差行为来体现种族成见，并可能将语法错误视为不愿意参与面对面互动的表现。[①]

4. 语言景观与语言政策

Benedicto 等对波黑首都萨拉热窝语言景观调查后发现，人们倾向于选择更中立的共同语言，超越了他们的国家、种族和宗教身份的边界，因此，萨拉热窝的语言景观显示了包容和语言平等主义的趋势，而不是语言身份政治的分裂。[②]Wong 等研究了1957—2014年间香港《香港年书》中的数码照片，以了解香港市民对标示语的使用情况。认为香港的指示牌由单语中文转变为中英双语，是一个循序渐进的社会过程。1960—1979年间，中文指示牌出现"西化"，1980—1996年间才出现全面的双语指示牌。20世纪70年代，虽然后殖民时代兴起，双语仍然是香港语言景观的主导模式。但特定行业语言选择增加，如在高端购物区使用单语英语标识和在广告话语中使用书面粤语，而不是标准的书面中文。权力关系和集体认同是推动香港双语格局演变的关键因素。[③]Calvera 探讨了西班牙双语区瓦伦西亚社区三个城市的语言景观，提出语言的存在可能因生活在这些环境中的人口、公民的母语以及有关少数民族语言的政策而有所不同。公共标志加强了两种官方语言的力量，而私人标志则表现出丰富的语言多

① ANGERMEYER P. Controlling Roma refugees with "Google-Hungarian": Indexing deviance, contempt, and belonging in Toronto's linguistic landscape[J]. Language in Society,2017, 46(2): 159-183.

② BENEDICTO G, TIBATEGEZA E. The linguistic landscape of regional hospitals in tanzania: language choice on signage[J].Studies in Linguistics and Literature, 2021, 5(4): 70-93.

③ WONG A, CHAN S. From "the world of Suzie Wong" to "Asia's world city"：tracing the development of bilingualism in Hong Kong's linguistic landscape (1957–2014)[J]. International Journal of Multilingualism,2018, 15(4): 435-454.

样性。总而言之，可以说瓦伦西亚社区的语言政策在整个地区并不是同质的。①

5. 语言景观中的语言意识形态

Thien 以加拿大阿尔伯塔省埃德蒙顿的语言环境为背景，探讨了越南河粉与越南民族认同之间的关系。研究表明，越南河粉在三家餐厅的语言景观中占主导地位，不仅发挥着索引功能，而且还被用作与越南美食和国家身份有关的象征性唤起，用来激发移民顾客的怀旧情绪。②Im 探讨了美国中西部一所大学教授东亚语言和文化的院系的语言景观。研究发现该大学"东亚性"的话语建构有三种模式。首先，在介绍东亚系课程和活动的材料中，通常包含两种语言：英语和一种东亚语言。使用东亚语言并不是为懂该语言的人准备的，而是为了引出"东亚性"。他们的民族身份是用古老的字体来表达的。虽然没有现代的替代品，但使用亚洲风格的书法字体展示了传统的图像。第二，在内容上，各部门使用形象强调其悠久的历史和文化底蕴。从传统意义上讲，这些部门有意区别于西方文化。描绘历史和传统东亚环境的图像引发了非西方的感觉。此外，这些部门不使用任何本地化的东亚英语变体。③Vittoria 等以米兰两个多民族社区移民商人的1500块店铺招牌为研究对象，描述了拉美社区在多语言城市空间中的定位策略，以及他们参与的身份谈判过程。其目的是展示西班牙语在语言景观中的存在如何表明集体身份，以及居住在米兰的拉美社区的语言和社会态

---

① CALVERA L. The linguistic landscape of the valencian community: a comparative analysis of bilingual and multilingual signs in three different areas[J]. Languages, 2019, 4(2): 38.

② THIEN T. As the embodiment of Vietnamese national identity in the linguistic landscape of a western Canadian city[J]. International Journal of Multilingualism, 2021, 18(1): 73-89.

③ IM J. The discursive construction of East Asian identities in an era of globalization and internationalization: the linguistic landscape of East Asian departments at a U.S. university [J]. Journal of Multicultural Discourses, 2020, 15(1): 80-103.

度。[①]Hult 认为尽管美国是拥有丰富语种的多语言社会，但英语主导地位的意识形态建设继续给其他语言蒙上阴影。在促成这种状况的机制中（例如教育政策和保守的语言行动主义），公共空间的视觉语言使用发挥了突出的作用。对圣安东尼奥高速公路系统上的语言标识分析表明，跨民族、文化和经济语篇的融合调节了语言对符号的选择。英语作为一种没有标记的语言在语言景观的各个方面被规范化，再现了关于英语在美国地位的国家语言意识形态。西班牙语反过来又与跨国移民以及有限的社区和家庭领域有关。[②]

6. 语言景观与第二语言教学

Sayer 讨论了墨西哥当地一个外语社区公共标志中英语的社会意义。作者区分了跨文化和文化内的使用，以及英语在标志上的标志性和创新性使用。提出在英语课堂中使用语言景观作为教学资源的方法，该方法将学生塑造为语言调查者，并为将语言课堂与学习者社区的街道连接起来的扩展活动提供了思路。[③]Rowland 研究了在多语言教育环境下使用语言景观作为教学资源的主张。通过让语言学习者收集和分析日本语言标识上使用英语的照片，引导学习者参与公共展示的文本。认为教学语言景观项目可以在多种方面对英语作为第二语言（EFL）学生有价值，特别是在发展学生的符号能力和读写技能的多元文化意义上。[④]

① VITTORIA C, MARCELLA U. Negotiating languages, identities and space in Hispanic linguistic landscape in Milan[J]. Journal of Multilingual and Multicultural Development, 2020, 41(1): 25-44.

② HULT F. Drive-thru linguistic landscaping: Constructing a linguistically dominant place in a bilingual space[J]. International Journal of Bilingualism, 2014, 18(5): 507-523.

③ SAYER P. Using the linguistic landscape as a pedagogical resource[J].English Teachers Journal, 2009, 64(2): 143-154.

④ ROWLAND L. The pedagogical benefits of a linguistic landscape project in Japan[J]. International Journal of Bilingual Education and Bilingualism, 2013, 16(4): 494-505.

7. 不同群体对语言景观的感知

Ujvari 调查了约旦河西岸121名巴勒斯坦人对希伯来语的语言态度，以及语言环境对这些态度的影响。他们被分为两组：对照组由65名年轻的巴勒斯坦人组成，他们生活在希伯来语不存在的地区；试验组由56名年轻的巴勒斯坦人组成，他们生活在 Huwwara，一个被归类为 B/C 地区的巴勒斯坦村庄，在语言环境中存在希伯来语。调查发现，生活在希伯来语不存在地区的巴勒斯坦人一般对希伯来语持消极态度，因为他们把希伯来语与以色列占领联系在一起，而生活在 Huwwara 的巴勒斯坦人对希伯来语持中立态度，提示他们已经对希伯来语产生了宽容的态度，因为希伯来语经常出现在道路指示牌和商店招牌上，尽管他们不一定懂希伯来语。[①]

总之，国外语言景观研究视角众多，研究理论多元，吸引了来自不同国家的研究人员，语言景观所涉范围包括欧洲、亚洲等国家和地区，研究成果丰硕，客观上推动了国际语言景观研究的兴盛。

二、国内语言景观研究概况

据文献考察可知，20世纪80年代，国内就已有研究者对城市路名门牌进行了探讨，如蔡继福分析了上海市区路名门牌的顺序走向规则，并指出了门牌体例不统一、路名门牌缺漏等问题。[②]20世纪90年代，有研究者分析了商业招牌用语，如商仁分析了旧社会商业招牌的一般用语和特殊用语。[③]

国内第一篇以"语言景观"为题的研究论文是孙利，该文探讨了温州公共场所语言景观翻译现状，提出了交际翻译策略，认为语言景观与城市形象之间

① UJVARI M. The effect of linguistic landscape on palestinians language attitudes towards hebrew in the west bank[J]. International Journal of Linguistics, Literature and Translation, 2019, 2(4): 1-11.

② 蔡继福.谈上海市区的路名门牌[J].上海大学学报，1988（2）：109-111.

③ 商仁.旧社会商业招牌习惯用语[J].商业研究，1993（7）：46-47.

存在密切关系。① 随后，语言景观研究逐渐受到研究者关注，研究成果越来越多。

（一）研究主题

国内语言景观研究常见主题如下：

1. 语言景观研究的理论和方法探讨

这方面研究集中在以下两个层面：

第一，对国外语言景观理论和方法的引介。如尚国文等从语言景观概念、研究对象与方法、研究意义、研究局限等方面分析了国外语言景观研究概况，同时探讨了当前语言景观研究的认识论基础、研究维度及理论构建情况；② 尚国文等分析了语言景观研究的方法、理论、挑战；③ 李丽生分析了国际语言景观研究源起、语言景观概念及其功能、常见研究主题及其对国内语言景观研究的启示；④ 徐茗梳理了国外语言景观的研究历程和发展趋势；⑤ 白丽梅介绍了国外语言景观研究的多理论视角；⑥ 孔珍基于信息可视化工具 Cite Space 对218篇语言景观研究文献进行了知识图谱分析，从文献年度、地区、研究机构、知识基础、研究热点和前沿等方面揭示了其特点；⑦ 王璐专文介绍了语言景观研究中的 SPEAKING 交际模型；⑧ 张天伟从路径、方法和理论等方面梳理了国外语

---

① 孙利 . 语言景观翻译的现状及其交际翻译策略 [J]. 江西师范大学学报，2009（6）：153-156.

② 尚国文，赵守辉 . 语言景观的分析维度与理论构建 [J]. 外国语，2014（6）：81-89.

③ 尚国文，赵守辉 . 语言景观研究的视角、理论与方法 [J]. 外语教学与研究，2014（2）：214-223.

④ 李丽生 . 国外语言景观研究述评及其启示 [J]. 北京第二外国语学院学报，2015（4）：1-7.

⑤ 徐茗 . 国外语言景观研究历程与发展趋势 [J]. 语言战略研究，2017（2）：57-64.

⑥ 白丽梅 . 语言景观研究的理论视角 [N]. 中国社会科学报，2018-11-23（004）.

⑦ 孔珍 . 国际语言景观研究现状与发展趋势分析 [J]. 中南大学学报，2018（2）：192-200.

⑧ 王璐 . SPEAKING 交际模型：语言景观研究的视角与理论 [J]. 长春大学学报，2021（3）：36-40.

言景观研究的新进展。①

第二，对语言景观理论和方法的探索。如田飞洋等提出将全球化社会语言学作为语言景观研究的观点；②杨永林等构建了社会认知理论框架和"网格定位"调查法；③刘丽芬揭示了语言景观与多学科耦合的关系；④张媛媛将言语社区理论引入语言景观分类中，提出"官民不同，内外有别"的分类标准；⑤尚国文等分析了非典型语言景观的类型、功能、研究视角等。⑥

2. 不同场所语言景观特征研究

这方面研究多以实证的方式展开，研究者聚焦城市中心区与居民区、旅游景点、特殊群体聚居区、体育赛事场地、网络虚拟空间、乡村等场所的语言标牌，探讨其语言数量、语言种类、语码取向、翻译对应程度、存在的问题与对策等。

(1)城市中心区与居民区

彭国跃考察了上海南京路上语言景观的百年变迁；⑦邱莹研究了江西上饶市语言景观；⑧李晓东分析了语言景观在海南全域旅游中的作用、海口城市

① 张天伟.语言景观研究的新路径、新方法与理论进展 [J].语言战略研究，2020（4）：48-60.

② 田飞洋，张维佳.全球化社会语言学：语言景观研究的新理论——以北京市学院路双语公示语为例 [J].语言文字应用，2014（2）：38-45.

③ 杨永林，程绍霖，刘春霞.北京地区双语公共标识的社会语言学调查：理论方法篇 [J].语言教学与研究，2007（3）：1-6.

④ 刘丽芬.语言景观：多学科耦合界面 [N].中国社会科学报，2019-10-22（003）.

⑤ 张媛媛.从言语社区理论看语言景观的分类标准 [J].语言战略研究，2017（2）：43-49.

⑥ 尚国文，周先武.非典型语言景观的类型、特征及研究视角 [J].语言战略研究，2020（4）：37-47，60.

⑦ 彭国跃.上海南京路上语言景观的百年变迁：历史社会语言学个案研究 [J].中国社会语言学，2015（1）：52-68.

⑧ 邱莹.上饶市语言景观调查研究 [J].语言文字应用，2016（3）：40-49.

街道语言景观现状、语言景观保护与开发的策略；① 徐茗研究了北京市16个街区的语言景观；② 张媛媛等分析了澳门语言景观中的多语状况；③ 熊莺等依托SPEAKING 交际模型，比较了东京市中心与外围商业区语言景观的差异；④ 黄小丽研究了上海市日文语言景观状况、问题及对策。⑤ 罗胜杰等从社会科学、自然科学视角分析了长株潭城市群语言景观现状、评估体系及规范化。⑥

（2）旅游景点

徐红罡等从语言景观功能角度分析了旅游对东巴文语言景观的影响；⑦ 金怡以皖南国际文化旅游示范区为例，阐述了语言景观发展与旅游资源开发之间的关系；⑧ 王宗英运用场所符号学理论分析了三清山世界地质公园语言景观概况、存在的问题及建议；⑨ 曹进从实体、政治、体验三个维度分析了敦煌语言景观；⑩ 黄利民调查了鼓浪屿开放式景区语言景观的现状、存在的问题及其对

---

① 李晓东 . 全域旅游背景下的语言景观资源保护与开发策略：以海口街道名称为例 [J].
辽宁师范大学学报，2018（2）：124-129.

② 徐茗 . 北京市语言景观调查研究 [M]. 上海：上海三联书店，2020.

③ 张媛媛，张斌华 . 语言景观中的澳门多语状况 [J]. 语言文字应用，2016（1）：45-54.

④ 熊莺，徐静，李颖臻 . 东京市中心与外围商业区语言景观差异 [J]. 北京邮电大学学
报，2019（6）：1-10.

⑤ 黄小丽 . 上海市日文语言景观的立体化建设现状与思考 [J]. 外语电化教学，2018（5）：
57-63.

⑥ 罗胜杰，周旭阳 . 跨学科视角下长株潭城市群语言景观评估与规范化研究 [M]. 湘潭：
湘潭大学出版社，2021.

⑦ 徐红罡，任燕 . 旅游对纳西东巴文语言景观的影响 [J]. 旅游学刊，2015（1）：102-111.

⑧ 金怡 . 语言景观发展与旅游资源开发：以皖南国际文化旅游示范区为例 [J]. 重庆交
通大学学报，2018（6）：128-133.

⑨ 王宗英 . 地质公园语言景观研究：以三清山世界地质公园为例 [J]. 东华理工大学学
报，2019（1）：22-25，37.

⑩ 曹进 . 敦煌旅游语言景观的三维透视 [N]. 中国社会科学报，2018-11-23（006）.

策；^①刘振平等分析了广西青秀山风景区语言景观的特征、存在的问题及多语标牌上的语言使用；^②孟琳昕调查了扬州景区语言景观使用状况、游客和旅游从业者对景区语言景观的态度，并对景区语言景观功能进行了分析。^③

(3)特殊群体聚居区

俞玮奇等分析了北京望京和上海古北韩国侨民聚居区的语言景观状况；^④聂鹏等调查了西昌市彝文语言景观使用现状及不同群体对此现象的认识；^⑤李丽生等以丽江古城区为例，分析了少数民族聚居区语言景观中的语言生态；^⑥聂平俊从空间实践、构想空间、生活空间三个维度分析了韩国城社区的语言景观。^⑦

(4)体育赛事场地

孙浩峰采用视频文献分析法研究了英格兰足球超级联赛场地广告语言景观；^⑧杨若蘂等调查了兰州国际马拉松赛语言景观特点。^⑨

---

① 黄利民.鼓浪屿开放式景区语言景观的现状、问题与对策 [J].厦门理工学院学报，2018（2）：53-59.

② 刘振平，黄章鹏.广西风景区语言服务研究：以青秀山风景区语言景观为研究个案 [J].广西师范学院学报，2019（1）：176-180.

③ 孟琳昕.扬州旅游景区语言景观调查研究 [D].扬州：扬州大学，2017.

④ 俞玮奇，王婷婷，孙亚楠.国际化大都市外侨聚居区的多语景观实态：以北京望京和上海古北为例 [J].语言文字应用，2016（1）：36-44.

⑤ 聂鹏，木乃热哈.西昌市彝文语言景观调查研究 [J].语言文字应用，2017（1）：70-79.

⑥ 李丽生，夏娜.少数民族地区城市语言景观中的语言使用状况：以丽江市古城区为例 [J].语言战略研究，2017（2）：35-42.

⑦ 聂平俊.国际化社区语言景观研究 [M].南京：河海大学出版社，2020.

⑧ 孙浩峰.体育赛事场地广告语言景观研究：以英格兰足球超级联赛为例 [J].语言文字应用，2020（4）：92-100.

⑨ 杨若蘂，张爱萍."兰州国际马拉松赛"多模态语言景观调查研究 [J].北京第二外国语学院学报，2019（6）：40-51.

（5）网络虚拟空间

毛力群分析了政府网站语言景观的功能、不规范现象及对策；[①] 张益铭等研究了新冠肺炎疫情网络回应海报的语言景观特色与文化传播价值；[②] 畅秀玲从语用学视角分析了国内外电商网站语言景观特点；[③] 此外，王春梅、任遥遥分别探讨了高校网站、义乌市门户网站的虚拟语言景观。[④][⑤]

（6）乡村场域

毛力群从多模态视角分析了义乌淘宝村名称标牌上的语言景观特点与功能，认为淘宝村名称标牌体现了经济省力、集体认同、充分理性和突显自我四大原则；[⑥] 李现乐等对苏中三市的乡村语言生态进行了调查，指出乡村语言景观中存在的问题；[⑦] 丛琳等调查了海南6个美丽乡村的语言景观状况，分析了美丽乡村语言景观的优点、不足和构建路径；[⑧] 黎顺苗从物理空间、生活空间、构想空间三个方面考察了广州沥滘村、花地村和猎德村三个城中村的语言景观

[①] 毛力群.优化政府网站语言景观可提升城市形象：以义乌市政府网站为例 [N].中国社会科学报，2018-12-04（003）.

[②] 张益铭，周海宁.以新冠肺炎疫情网络回应海报为中心的语言景观考察 [J].东南传播，2021（2）：76-79.

[③] 畅秀玲.国内外电商网站语言景观研究 [J].文化学刊，2022（4）：194-197.

[④] 王春梅.高校网站的虚拟语言景观研究：网络空间的语言呈现模式、意识形态和语言权力 [D].烟台：鲁东大学，2020；

[⑤] 任遥遥.虚拟空间语言景观研究：以义乌市门户网站为例 [D].金华：浙江师范大学，2019.

[⑥] 毛力群，朱赟昕.义乌淘宝村语言景观的多模态分析 [J].浙江师范大学学报，2020（6）：44-50.

[⑦] 李现乐，刘逸凡，张沥文.乡村振兴背景下的语言生态建设与语言服务研究：基于苏中三市的乡村语言调查 [J].语言文字应用，2020（1）：20-29.

[⑧] 丛琳，程润峰.美丽乡村语言景观与空间话语构建：基于海南6个美丽乡村的调查 [J].海南热带海洋学院学报，2021（1）：83-90.

特点和发展趋势；① 张亚琼考察了广州天河区棠下村的语言景观特点；② 程江霞考察了青岛棉花村语言景观特点、不同群体对其语言景观的态度以及加强乡村语言景观建设的建议；③ 刘慧考察了广州石牌村的传统与当代语言景观，并分析了其语言景观中折射出来的外来农民工社会方言特征及其与农民工身份认同之间的关系；④ 郭丽辉考察了沈阳美丽乡村英语标识语建设中存在的问题及改进策略；⑤ 杨敏红调查了义乌新农村语言景观的总体特征与变化发展趋势。⑥

3. 语言景观的翻译及规范研究

这方面研究常聚焦公示语、标识语、宣传语、对联、标牌语、道路名称等的语言翻译和表达，指出其存在的问题、原因与对策。如董爱智、牛新生调查了河北、宁波景区公示语翻译中存在的问题及改进策略；⑦ 万华归纳了景区公示语英译失误的类型及景区公示语翻译的原则；⑧ 孙利研究了温州市语言景观

---

① 黎顺苗 . 新型城镇化进程中的城中村语言景观对比研究：以广州沥滘村、花地村和猎德村为例 [D]. 广州：暨南大学，2020.

② 张亚琼 . 广州市城中村语言景观调查研究：以天河区棠下村为例 [D]. 广州：暨南大学，2018.

③ 程江霞 . 乡村振兴视阈下青岛乡村语言景观实探 [J]. 青岛农业大学学报，2021（3）：85-89.

④ 刘慧 . 城中村语言景观与农民工身份认同研究：以广州石牌村为例 [J]. 语言战略研究，2020（4）：61-73.

⑤ 郭丽辉 . 沈阳美丽乡村英语标识语建设研究 [J]. 辽宁经济职业技术学院学报，2020（2）：71-73.

⑥ 杨敏红 . 乡村振兴视野下的义乌新农村语言景观研究：以缸窑村、马畈村为例 [D]. 金华：浙江师范大学，2021.

⑦ 董爱智 . 河北省红色旅游景区公示语翻译质量及其评价 [J]. 河北师范大学学报，2012（1）：104-108；牛新生 . 旅游景区公示语英译问题研究：以宁波市旅游景区公示语英译为例 [J]. 宁波大学学报，2008（3）：38-43.

⑧ 万华 . 公示语翻译：问题与规范——以某5A风景区公示语英译为例 [J]. 上海翻译，2017（3）：38-45.

翻译中的不规范现象，提出语言景观的交际翻译策略。①

（二）研究趋势

1. 成果数量快速增长

自孙利从翻译学视角开启语言景观研究以来，国内语言景观研究成果与日俱增。截止到2022年8月16日，中国知网上以"语言景观"为主题词的文献达716条，排除不相关研究，剩余647篇，涉及语言学、文化学、新闻与传媒、符号学、地理、旅游、教育等多个学科。其不同年度分布情况见图2-1。

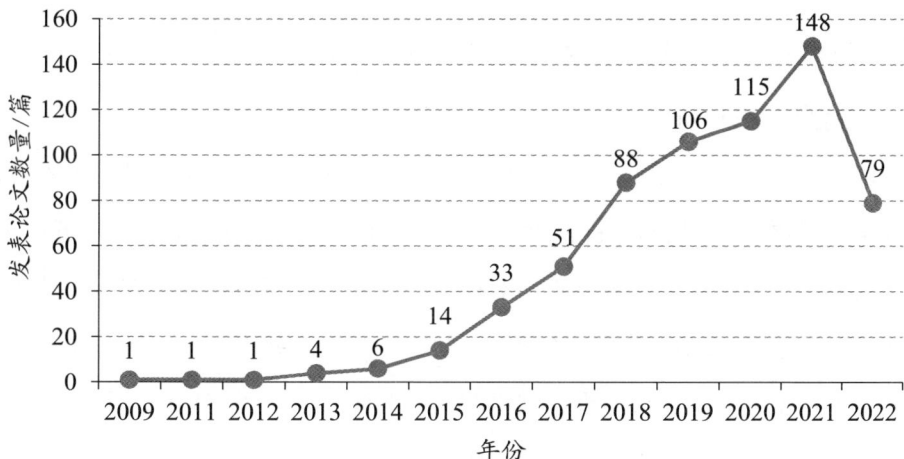

图2-1　语言景观研究数量趋势图

图2-1显示，近年来，语言景观研究数量总体呈递增趋势。其中2009年、2011年、2012年基本持平，年均只有1篇论文，说明这期间语言景观研究刚刚进入国内学界视野。2013年以后，语言景观研究数量逐年攀升，2019年破百篇，2021年达到最高峰148篇。

2. 研究队伍不断壮大

近年来，国内语言景观研究者众多。

---

① 孙利. 语言景观翻译的现状及其交际翻译策略 [J]. 江西师范大学学报，2009（6）：153-156.

一方面，从研究者所处阵营来看，已经不再局限于语言学界，社会学、符号学、文化学、旅游管理等领域的研究者也开始关注语言景观研究，并取得了一定的研究成果。以旅游管理领域为例，张蔼恒等将语言景观看作社会行为，使用结点分析方法分析了阳朔西街语言景观设立者的动机与意图，以及利益相关者之间的互动和受众对语言景观的态度；[①] 李晨妍以湖州市莫干山镇为例，从区位、场所、地方感三个维度探讨了语言景观对莫干山镇的影响。[②]

另一方面，研究队伍中不仅有专职教师，也涌现了一批年轻的研究生，他们以"语言景观"作为学位论文的研究内容。据统计，在本次调查的647篇以"语言景观"为主题词的研究论文中，学位论文达118篇，占18.24%。

3. 研究方法有所发展

传统的语言景观研究多采用田野调查法，研究者借助于摄像机采集语言景观样本，对语言景观受众进行访谈，然后再对样本进行分类统计。但近年来，有研究者开始采用视频文献分析法对播放的视频进行语言景观研究，如孙浩峰以网络视频服务商制作的英超联赛赛事集锦节目为研究语料，对29轮比赛累计1500分钟的视频文献进行梳理，从中收集了2050张广告语言标识，并对其语言景观概况、影响因素等进行了系统分析。[③]

4. 研究领域不断扩展

语言景观研究引进初期，在西方经典语言景观概念的影响下，国内语言景观研究多以公共场所的路牌、广告牌、商铺招牌、建筑牌、街牌、警示牌等为研究对象，这些语言标识都具有实体、静态、固定等特征，被学界称为典型语

① 张蔼恒，孙九霞.社会语言学视角下的阳朔西街语言景观变迁研究 [J].旅游学刊，2021（10）：39-48.

② 李晨妍.语言景观对旅游目的地地方性形成的影响研究：以湖州市莫干山镇为例 [D].上海：上海师范大学，2021.

③ 孙浩峰.体育赛事场地广告语言景观研究：以英格兰足球超级联赛为例 [J].语言文字应用，2020（4）：92-100.

言景观。但近年来，语言景观考察范围有所扩大，一些非典型语言景观逐渐进入研究者视野。如尚国文等专文探讨了非典型语言景观的类型、特征和研究视角，认为非典型语言景观包括游行标语、车体及动态广告、涂鸦、街头艺术、文化衫、网页、语音播报、宣传册、明信片、报纸、菜单、钞票等，这些非典型语言景观具有移动、临时、多模态、越界等特点，研究者可从对话性、城市政治学、语码优选、语言权势、场所符号学等视角对非典型语言景观展开研究。[①] 在众多非典型语言景观中，学界对网页等虚拟语言景观研究投入较多关注，研究成果相对较多，如毛力群、张益铭等、畅秀玲、王春梅等分别对义乌市政府网站、新冠肺炎疫情网络回应海报、国内外电商网站、高校网站等虚拟空间的语言景观进行了专文探讨。

5. 研究地域有所扩大

前期，语言景观研究主要关注大中小城市，研究地域涉及中国香港、中国澳门、北京、上海、广州、厦门、汕头、大连、扬州、长沙、上饶等城市。近年来，有研究者开始将语言景观考察的地域逐渐由城市中心区转移到乡村，探讨乡村语言景观。如毛力群等，丛琳等，黎顺苗、程江霞等分别对义乌淘宝村、海南美丽乡村、广州城中村、青岛棉花村等乡村语言景观进行了研究。这对于当前语言景观研究较多关注城市、忽视乡村这一现状具有积极促进作用。

6. 研究视角逐渐增多

考察文献可知，语言景观研究视角比较多元，主要有：语言服务视角，如李洁；文化传承视角，如王艺菲；文化自信视角，如程江霞；社会语言学视角，如张蔼恒、孙九霞；语言教学视角，如尚国文、王晓梅、杨金龙等；乡村振兴视角，如程江霞等。

[①] 尚国文，周先武. 非典型语言景观的类型、特征及研究视角 [J]. 语言战略研究，2020（4）：37-47，60.

三、已有研究的不足之处

总之，在国内外学界的共同努力下，语言景观研究成为当前社会语言学中较为流行的研究课题，取得了诸多成果。近年来，在国外学界的影响下，国内研究者对语言景观研究也展开了积极探索。研究者积极引介国外语言景观理论与方法，对国内多范围的语言景观展开实证研究，并尝试探索语言景观研究的新理论与新方法，客观上推动了国内语言景观在研究主体、研究对象、研究方法、研究理论、研究视野等各个方面的积极发展。国内语言景观研究理论与实践的深入，为本书的开展提供了理论来源和方法参考。但也存在以下不足之处：

第一，重计量，轻解读。已有研究比较注重对语言景观调查数据的统计与归纳，而对其内隐意义的解释力度不够。比如相当多的研究者花了大量时间对语言景观数据进行统计归纳，而有关语言景观的语言特征、构建原则、反映的行业特点、规范化等内容解释的力度不够，或者缺乏探讨。

第二，研究方法单一。已有研究多采用田野调查法，对调查区域的语言景观展开共时静态分析，而采用多元比较等方法的研究成果不多。

第三，研究对象上，乡村语言景观研究力度不够。多数研究者关注城市商业区、居民区、旅游景区等场所的语言景观，近年来也有研究者开始关注城中村、民族村、淘宝村的语言景观，但真正意义上的乡村语言景观研究成果非常少，研究空间很大。

第四，研究视野尚需拓展。已有语言景观研究较多集中在社会语言学、翻译学、语言规范等视角，其他视角研究成果数量有限。当前，全国各地正在全面实施乡村振兴战略，然而"三农"研究领域缺少对乡村语言景观的研究成果，而语言景观研究领域虽然有少数研究者涉及了乡村振兴战略，但研究视野不够开阔，没有将语言学现象与"三农"主题进行深度结合。

四、本章小结

本章属于文献综述部分。分别从国外、国内两个方面总结了当前国内外语言景观研究概况。国外研究方面，重点介绍了国外语言景观研究理论、常见研究主题。其中语言景观研究理论包括语言景观构建原则、语言选择理论、语言景观三维分析模型、场所符号学、SPEAKING 模型等。当前国外语言景观常见研究主题主要集中在多语语言景观、语言景观与英语全球化、语言景观与少数民族语言、语言景观与语言政策、语言景观中的语言意识形态、语言景观与第二语言教学、不同群体对语言景观的感知等方面。

与国际语言景观研究盛况相比，国内语言景观研究起步稍晚。早期研究主要集中在对城市路名、门牌、商业招牌用语等方面的语言学分析，国内第一篇以"语言景观"为题的研究论文是孙利，该文主要是从翻译学视角进行了探讨。此后，国内语言景观研究逐渐兴起并发展。已有研究主要集中在两个方面：一是对语言景观研究理论和方法的探讨，包括对国外语言景观理论和方法的引介，以及对语言景观和理论的积极探索；二是对不同场所语言景观特征的调查研究。研究者聚焦城市中心区与居民区、旅游景点、特殊群体聚居区、体育赛事场地、网络虚拟空间、乡村等场所的语言标牌，探讨其语言数量、语言种类、语码取向、翻译对应程度、存在的问题与对策等。当前国内语言景观研究呈现以下趋势：研究成果数量快速增长、研究队伍不断壮大、研究方法有所发展、研究领域不断扩展、研究地域有所扩大、研究视角逐渐增多。

近年来，国内外语言景观研究已进入快速式发展阶段，研究理论、研究方法、研究视野等方面均有明显进步。这为本研究的开展提供了重要参考。但国内语言景观研究依然存在需改进之处，表现在：第一，重计量，轻解读；第二，研究方法单一；第三，乡村语言景观研究力度不够；第四，研究视野尚需拓展。

国内语言景观研究存在的不足之处，正是本书努力的方向。

第三章　乡村语言景观总体分析

本章将通过田野调查的方式搜集乡村场域的语言标牌，并对其进行归纳与统计，从多维度分析乡村语言景观特点，探讨乡村语言景观构建的原则、功能及不同设立主体的语言景观差异。

一、研究设计

本次调查的5个乡村，分别为浏阳市永安镇坪头村、望城区茶亭镇大龙村和静慎村、长沙县果园镇新明村、岳麓区学士街道学华村。其中学华村隶属于主城区，其余乡村均分布在非主城区。近年来，在国家美丽乡村建设和文明村镇创建活动中，以上各村在乡村建设和乡村治理等方面取得了突出成就，斩获了多项国家级、省级、市级荣誉奖项，多次受到媒体报道，具有较强的代表性。各村具体情况如表3-1所示。

表3-1　研究对象概况

调查对象	基本信息	所获荣誉
坪头村	坪头村村域面积9.18平方千米，下辖33个村民小组，1226户，5240人	第六届全国文明村镇、湖南省乡村振兴示范创建村、湖南省美丽乡村建设示范村、第一批全国"一村一品"示范村镇（永安超米）等
大龙村	大龙村村域面积10.93平方千米，下辖52个村民小组，1469户，5822人	第五届全国文明村镇、湖南省美丽乡村建设示范村、湖南省宜居宜业人居环境示范村、湖南省乡村振兴示范创建村等
静慎村	静慎村村域面积9.2平方千米，下辖34个村民小组，1609户，9880人	第六届全国文明村镇、第一批国家森林乡村、全国乡村治理示范村、湖南省美丽乡村建设示范村、湖南省乡村振兴示范创建村等

续表

调查对象	基本信息	所获荣誉
新明村	新明村村域面积 10.86 平方千米，下辖 14 个村民小组，651 户，2168 人	第六届全国文明村镇、湖南省乡村振兴示范创建村、湖南省两型示范村、湖南省美丽乡村建设示范村等
学华村	学华村村域面积 18.81 平方千米，下辖 55 个村民小组，2779 户，8499 人	第五届全国文明村镇、湖南省美丽乡村建设示范村、湖南省两型示范村、新时代文明实践站等

2022年5月1—6日，我们对上述各乡村可视范围内的语言标牌进行了穷尽式拍摄，具体包括乡村路牌、警示牌、村庄牌坊、乡村导览图、横幅、文明村主题宣传栏与宣传牌、乡村文化墙、商店招牌、海报、村委会与村党支部门牌，以及邮局、银行、卫生室、学校、电信等服务机构的门牌，以及乡村路长、卫生评比、村务公开等公示牌。

在确定语言景观样本时我们遵循了 Backhaus 的取样标准，同时，还考虑了语言载体的面、村民住宅门牌、重复标牌、对联、字迹清晰度、标牌有无文字内容、文化墙等因素，最终获得有效语言标牌2588块，其中坪头村474块、大龙村394块、静慎村504块、新明村415块、学华村801块。具体分析情况如下。

二、调查结果与分析

（一）乡村标牌语码使用情况

本次调查共获得有效语言标牌2588块。我们依据标牌上语码的分布情况将其划分为两种类型：汉语单语标牌（含汉语拼音）、"汉语＋外语/外族语"双语标牌两种情况，并统计出每类标牌的具体数量和百分比。具体情况见表3-2。

由表3-2可知，5个乡村2588块标牌中，汉语单语标牌数量达2304块，占比89.03%。"汉语＋外语/外族语"双语标牌284块，占10.97%。其中"汉语＋英语"标牌282块，"汉语＋维吾尔语"标牌2块。所有标牌中汉语的出现率为100%，既没有外语单语标牌，也没有三语以上标牌。这表明，长沙市乡村语言景观具有比较明显的单语性质，双语标牌数量少，且外语语种比较单一，英语为唯一外语。在汉语、英语、维吾尔语三种语码中，汉语是可视化程度最高的语言，这与汉语作为国家通用语言以及乡村人口分布有关。

表3-2　长沙市周边乡村语言景观概况

标牌语言使用	标牌数量/块	占比/%
汉语（含汉语拼音）	2304	89.03
汉外双语	284	10.97
合计	2588	100

（二）乡村双语标牌上的优势语言

根据标牌统计可知，本次调查的乡村语言标牌中有一部分双语标牌，我们对其语种类型、数量、优势语言等分别进行了统计，具体情况见表3-3。

表3-3　双语标牌上的优势语言

标牌语言使用	总数/块	占比/%	语码取向		
			汉语/%	英语/%	维吾尔语/%
汉语＋英语	282	10.89	100	—	—
汉语＋维吾尔语	2	0.08	100	—	—

由表3-3可知，284块双语标牌中，出现了汉语、英语、维吾尔语三种语言。其中英语是使用频率最高的外语，共有282块标牌使用了英语。这表明，在长沙市周边乡村语言标牌中，英语是最重要的外语语种。本次调查还发现了2块"汉语＋维吾尔语"的双语标牌，出现在学华村一家由新疆人经营的烧烤店招牌上。

在语码取向方面，研究者认为，"在双语或多语标牌中，总有一种语言处于主导或优势地位，优势语言可较为真实地反映出设立者的个人喜好和需求，人们可以根据标牌上文字占用空间大小、所处位置及色调明亮度来确定每块标牌上的优势语言"。[①] 按照双语标牌上优势语言的确认标准，我们对284块双语

---

① 聂鹏，木乃热哈.西昌市彝文语言景观调查研究 [J].语言文字应用，2017（1）：70-79.

标牌的优势语码进行了分析。研究发现，在284块双语标牌中，汉字在所有标牌上均占据显著位置，字体及其颜色更醒目、字号更大。即以汉语为优势语言的双语标牌为100%。这说明，长沙市周边乡村双语标牌中汉语是绝对优势语言。

从上述研究中不难发现，乡村标牌中，无论是单语标牌还是双语标牌，汉语都是绝对优势语言，在所有标牌中的出现率为100%。体现了汉语在长沙市周边乡村语言中的主导地位，这与国家和地方语言文字政策一致，与村民的语言能力相吻合。同时，双语标牌中英语优先于其他外语，这与英语作为国际通用语的地位相符合。

（三）乡村双语标牌上的文本互译情况

多语标牌上不同语种之间的对应情况是语言景观研究的重要内容。Reh 提出了一种描述和分析多语言书面文本的模型，该模型通过使用诸如所述对象的空间流动性、多语言的可见性和多语言信息排列的特定类型等参数，促进了在地区、领域和社会内部和跨地区的交流和联系。其中多语言信息排列的特定类型即文本互译，包括复制、碎片、重叠、互补四种情况。[①]Backhaus 认为以上四种文本互译类型中，复制、碎片、重叠三种类型对阅读者多语能力没有要求，而互补类型则对阅读者多语能力有一定要求。并在以上四种文本互译类型基础上，提出了新的文本互译情形：①完全有效的翻译或转译；②部分有效的翻译或转译；③相互之间无有效翻译或转译（文本包含不同语言，但不同语言的文本内容互为补充，每种语言表达不同内容）；④相互之间无有效翻译或转译（只有一种语言情形）。[②]Backhaus 提出的文本互译四种类型对阅读者的外语能力也有不同的预设，其中①②两种类型对阅读者外语能力要求不高，而③④两种情况对阅读者外语能力要求比较高，如果阅读者外语水平不够，会存在不能

---

① Reh M.Multilingual writing:a reader-oriented typology-with examples from Lira Municipality (Uganda)[J].International Journal Sociology of Language, 2004 (170):1-41.

② 徐著 . 北京市语言景观调查研究 [M]. 上海：上海三联书店，2020.

理解标识所指含义的情况。

遵照 Backhaus 对文本互译的划分类型，我们对长沙市周边乡村双语标牌上的文本互译情况进行了统计，研究发现，284块双语标牌中，属于完全有效翻译或转译的标牌有51块，属于部分有效翻译或转译的标牌有229块，属于相互间无有效翻译或转译（文本包含不同语言，但不同语言的文本内容互为补充，每种语言表达不同内容）的标牌有4块，没有 Backhaus 所提出的第四种类型。下面各举几例稍作说明。

图3-1是在果园镇新明村长沙有机谷内拍摄的一块私人标牌，图3-2是在永安镇坪头村村委会马路边拍摄的一块交通指示牌。两块标牌均属于 Backhaus 中的第一种文本互译类型，即完全有效的翻译或转译，标牌上均包含了中文与英文，且完全对应。如图3-1"Happy Farm"与汉语"开心农场"对译，图3-2"Huashan Village"与"华山屋场"对译，"All-range Tourism in Liuyang"与"浏阳全域旅游"对译。两块标牌上的优势语言均为汉语，英文均字体偏小，且位于汉字的下方，但汉英语义完全相同。本次调查的双语标牌中，这类完全有效翻译或转译的标牌有51块，占所有双语标牌的17.96%。因为标牌中有完全对应的汉字，这类标牌对阅读者外语能力要求不高。

图3-1 新明村私人标牌

图3-2 坪头村官方标牌

图3-3是在大龙村北湖公园内拍摄的一块有关移风易俗宣传的官方标牌，图3-4是在坪头村丰术屋场内拍摄的一块有关环境保护的官方标牌。两块标牌均属于 Backhaus 所提出的第二种文本互译类型，即部分有效翻译或转译的标

牌，标牌上均包含了中文、英文两种文字，其中图3-3的英文"TIMELINE"与汉语"时间线"对译，但该标牌上还有其他汉字并没有对应的英文翻译。图3-4是有关环境日的简介，其中"world environment day"与汉语"世界环境日"对译[①]，与图3-3相同，该块标牌上其他大段汉字均没有对应的英文翻译。如上文统计，这类部分有效翻译或转译的标牌在本次调查的双语标牌中数量最多，占所有双语标牌的80.63%。与文本互译的第一种类型一样，此类标牌中有完全对应的汉字，这类标牌对阅读者外语能力要求不高。

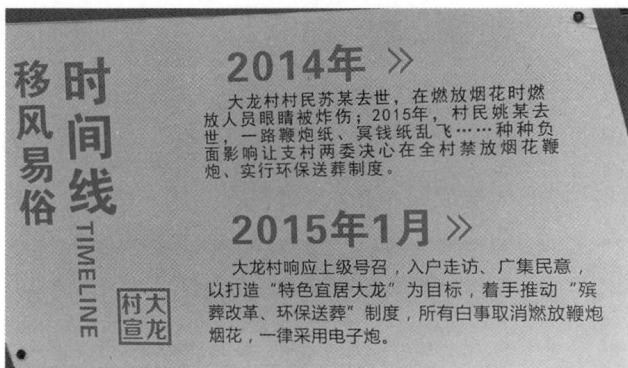

图3-3　大龙村北湖公园内

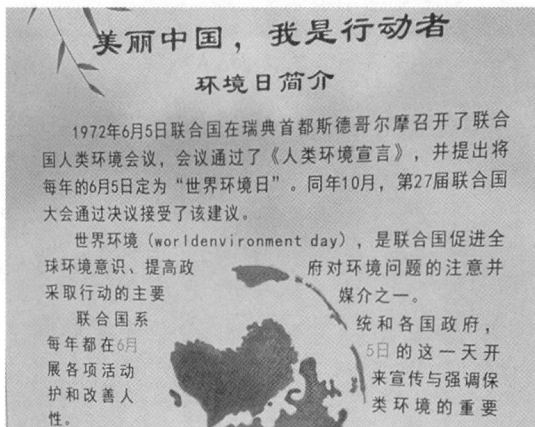

图3-4　坪头村丰术屋场内

[①] 不过标牌在翻译上漏了"日"字，这属于标牌语言景观的不规范表现，本书后面相关章节会讨论。

图3-5是在含浦镇学华村梧桐大道附近的私人店铺门口拍摄的一块商铺招牌，图3-6是在茶亭镇静慎村村委会门口拍摄的一块官方宣传牌。两块招牌均属于Backhaus（2007）所提出的第三种文本互译类型，即文本内有不同语言，但不同语言间无有效翻译或转译。其中图3-5的"Lucky"在标牌上没有对应的中文，图3-6的英文翻译"Looking for the background of the annual work commendation conference of Hownet and the 2020 China high tech industry development summit forum"是有关寻找知网年度工作表彰大会和2020中国高技术产业发展高峰论坛的背景，而标牌上的中文则是环境保护类的宣传语。标牌上这类无效翻译或转译现象对阅读者的外语能力要求比较高，如果阅读者不认识这些外语单词，会错过对标牌内容的准确把握。本次调查的双语标牌中，这类无效翻译或转译的标牌数量不多，只有4块，仅占所有双语标牌的1.41%。

图3-5　学华村私人标牌

图3-6　静慎村官方标牌

在Backhaus所提出的文本互译类型的基础上，本节对长沙市周边乡村284块双语标牌的文本互译情况进行了统计和分析，研究发现属于第一种类型的完全有效翻译或转译的标牌有51块，占所有双语标牌的17.96%。属于第二种类型的部分有效翻译或转译的标牌在本次调查的双语标牌中数量最多，有229块，占所有双语标牌的80.63%。属于第三种类型的无效翻译或转译的标牌只有4块，占所有双语标牌的1.41%。没有第四种类型的文本互译情况。长沙市乡村双语标牌文本互译类型的分布说明，乡村标牌设立者在双语标牌的制作上，充分考虑到了标牌阅读者的外语水平现状，尽可能照顾绝大多数人的阅读习惯，保障阅读者在外语水平有限的情况下依然能读懂标牌传达的信息。

（四）乡村官方标牌与私人标牌语言景观概况

按照语言标牌的设立主体，学界一般将标牌分为官方标牌和私人标牌两大类。其中官方标牌如政府机构设立的路牌、警示牌、指示牌等，代表了官方意志；私人标牌如店铺招牌、海报、广告牌等，反映了个人或企业等群体的利益或诉求。在遵循传统分类基础上，本书对村委会设立的乡村标牌做了一点特殊处理。根据《中华人民共和国村民委员会组织法》（2020年修订）规定，村委会是基层群众自治组织，不属于行政机关。但考虑到村委会在协助地方政府从事乡村治理工作方面发挥着重要作用，因此，本书将村委会设立的各类美丽乡村宣传牌也计入官方标牌，其他如银行、电信、邮局、学校、卫生室等服务机构标牌都归入私人标牌。按照以上标准，官方标牌共计1612块，私人标牌共计976块。

1. 乡村官方标牌语言景观

（1）语码选择与语码组合

语码选择和语码组合反映了标牌设立者对语言的选择，长沙市周边乡村官方标牌语码分布结果见表3-4。

从表3-4可知，在语言组合形式上，官方标牌中单语标牌共计1481块，占官方标牌总数的91.87%，均为汉语单语标牌；其余131块为双语标牌，占官方标牌总数的8.13%，且均为汉英组合。这表明，长沙市周边乡村官方语言标牌上汉语单语标牌占绝对优势，标牌语言具有比较明显的单一性。"汉语＋外语"

结合的双语标牌数量非常少，且所涉外语都是英语，没有其他语种。下面我们对不同类型官方标牌语码类型略举几例，见表3-5。

表3-4　长沙市周边乡村官方标牌语言景观分类和数量

单位：块

语言类别	单位门牌与建筑牌等	信息公示牌	宣传牌	指示牌与警示牌	合计
汉语单语标牌数量	102	133	1039	207	1481
汉英双语标牌数量	8	10	67	46	131
合计	110	143	1106	253	1612

表3-5　不同类型官方标牌语码类型示例表

官方标牌	语言组合情况	示　例
单位门牌与建筑牌	汉语	◎中共永安镇坪头村总支部委员会 ◎永安镇坪头村村务监督委员会　◎永安镇坪头村经济合作社
	汉语＋英语	◎国家级农村综合性改革试点（长沙县财政局 CHAGNSHA XIAN FINANCE BUREAU） ◎静慎村新时代文明实践金种子广场（中国梦复兴梦 Chinese dream revival dream） ◎学华村公共服务中心（XUE HUA VILLAGE）
信息公示牌	汉语	◎岳麓区幼儿园责任督学挂牌督导公示牌 ◎长沙市岳麓区学校及周边食品安全管理责任公示牌 ◎村管小微水体片区河长公示牌
	汉语＋英语	◎学华村新时代文明实践站公共文化服务项目公示（XUE HUA VILLAGE） ◎岳麓农趣谷（雨荷塘）污水处理工程（总磷 ≤ 0.5 mg/L　SS ≤ 10 mg/L　COD ≤ 50 mg/L）
宣传	汉语	◎珍爱生命，禁止采摘食用野生蘑菇（大龙村宣） ◎全面推行"五治"造福人民百姓（文化墙） ◎守护美丽河湖　推动河湖长制　从"有名"到"有实"
	汉语＋英语	◎保护树木　人人有责 （香樟学名：*Cinnamomum Camphora Presl.*） ◎人人热爱体育　全民健身强体（SENLO 鑫龙） ◎移风易俗时间线 TIMELINE　◎移风易俗荣誉线 HONOUR

续表

官方标牌	语言组合情况	示 例
指示牌与警示牌	汉语	◎无障碍通道由此去　　　　◎临水路段　谨慎驾驶 ◎大龙村垃圾分类回收分拣中心
	汉语＋英语	◎应急避难场所 EMERGENCY SHELTER ◎无障碍停车位 Accessible parking spaces ◎男洗手间 REST ROOMS-MEN ◎禁止游泳 No swimming　　◎禁止钓鱼 No fishing ◎禁止嬉水 No leisure　　◎禁止采摘 No picking

(2)语言景观功能分布

按照语言景观功能，我们将1612块官方标牌进行了分类，其中单位门牌与建筑牌110块，信息公示牌143块，宣传牌1106块，指示牌与警示牌253块。

从表3-4可知，在语言景观的功能分布及其数量方面，1612块官方标牌中，宣传牌数量最多，共计1106块，占官方标牌的68.61%。在调查中我们也发现，各个乡村在美丽乡村建设和文明村镇建设中比较重视宣传工作，村里专门修建了文化广场，广场内建设了宣传栏或文化墙。如静慎村的乡贤文化广场就有上百块宣传标牌（见图3-7），内容非常丰富，包括国家大政方针、社会主义核心价值观、村规民约、家庭美德、社会公德等。

图3-7　静慎村的乡贤文化广场

续图3-7

坪头村华山屋场内建有幸福广场、书法广场、非遗传承区等,其中非遗传承区内一面文化墙用汉英两种语言讲述皮影戏的历史起源、历史传承、代表作品、艺术表现等,图文并茂(见图3-8)。这些乡村宣传牌不仅美化了乡村形象,也对村民具有较好的教育功能。

图3-8　坪头村华山屋场皮影戏文化墙

(3)语码取向

语码取向指的是双语或多语标牌上不同语言之间的优先关系,可以根据语码出现的位置进行判定。如在包围式的文字排列中,优势语码出现在中心位置;在横向排列的文字中,优势语码出现在标牌上方或顶部;在纵向排列的文字中,优势语码出现在左侧。[①]本研究中,我们除了遵循学界有关优势语码分布的规则外,还结合乡村标牌实际情况,将字号的大小、排版、书写顺序等方

---

① 尚国文,赵守辉.语言景观研究的视角、理论与方法[J].外语教学与研究,2014(2):
　214-223,320.

面的特点也考虑进来。比如，在调查中我们发现，一些标牌书写顺序不是"横排左书"，而是"竖排右书"，其右侧为大号汉字，左侧为小号英文；有些标牌中外文与汉字字号大小完全一样，都处于正文中，但标牌上方还有汉字书写的大号标题；有些标牌中外文被置于圆括号内，对前方的中文起补充解释作用；有些双语标牌中外文是商标品牌符号，虽置于标牌显著位置，但其字号明显小于同标牌出现的汉字；有些外文符号是度量衡单位或网址，与中文语码并存于标牌上。以上情况下，我们均将其优势语码定位为汉语，因其字号相对比较大或者位置比较突出。

　　根据以上界定的优势语码判定的规则，本次调查的1612块官方标牌中，双语标牌131块，均为"汉语＋英语"组合模式。从双语标牌文字排列情况来看，包围式11块、横向排列式92块、纵向排列式28块。在语码取向方面，所有双语标牌中汉语均为优势语码。

　　图3-9为横向排列式，图3-10为包围式，图3-11为纵向排列式。根据优势语码在标牌中的位置可知，各图中汉语均为优势语码，字号都比较大，且占据中心位置。

图3-9　浏阳坪头村

图3-10 望城区大龙村   图3-11 浏阳市坪头村

（4）字刻

　　"字刻指的是有关标牌语言的呈现方式的意义系统，包括字体、材料、附加成分或延伸、状态变化等。"① 其中字体包括文字的大小、颜色、书写样式等。材料指文字承载的载体，有金属材料、木质材料、塑料材料、纸质材料等，不同的材料具有不同的意义，比如永久性、临时性、质量优劣等。附加成分指一种字刻临时附加在另一种字刻（永久性）上，产生新近和临时的意思。状态变化往往指借助于背景灯光的变化来表示是否营业。

　　本研究所调查的官方标牌中，从标牌字体来看，白底红字比较常见，此外也有蓝底白字、红底黄字、白底黑字或绿字、棕底白字、绿底白字、黄底黑字等。一般是印刷字体，简体字居多，繁体字比较少。也有一部分市政宣传海报和乡村文化墙的字体样式比较多，往往有多种色彩，再配上相关图案，并且还比较注重文字和图案的排版和编辑，其主要功能依然是提高宣传效果。此外，还有少数官方标牌设置在田间地头，它们以广袤的天地为底，这类标牌往往字迹比较大，字体颜色为大红色，给人的视觉效果比较震撼。如学华村农趣谷内的"五城同建　秀美学华""绿水青山就是金山银山"两处招牌以及天露葡萄

---

① 尚国文，赵守辉. 语言景观研究的视角、理论与方法 [J]. 外语教学与研究，2014（2）：
　　214-223，320.

园入口处的标牌即以天地自然为底。

图3-12 学华村农趣谷

从标牌材料上来看，有镀锌钢板、不锈钢板、铝合金、KT板、不干胶、石材、防腐木头、牛津布，也有的材料是丙烯颜料，如乡村文化墙。本研究的官方标牌中，宣传牌数量最多，占官方标牌的68.61%。这些用于宣传教育的语言标牌多采用镀锌钢板、不锈钢板，这与材料本身所具有的耐腐蚀强、不易变形、使用时间长等优点具有直接关系。官方机构门牌和建筑牌较多采用金属材料制作，指示牌、警示牌多采用铝合金等材料，信息公示牌多采用KT板、不干胶等材料。也有采用石材的情况，如静慎村静慎桥周围的标牌都是用石头材料制作而成，此外乡村美丽屋场入口的门牌也多用石材制作，如浏阳市坪头村内的丰术屋场、上新屋场、华山屋场等美丽屋场的入口标牌均用石材制作。此外，该村"全国文明村"这个宣传牌和华山屋场内的皮影戏观影台和书法广场内的标牌也都是用石材制作而成。乡村标牌采用石材应该与石材本身的寿命长、不受环境干扰等特点有关。值得注意的是，乡村官方标牌极少有电子显示屏类的材质。

总体而言，官方标牌在字刻上表现出来的内涵比较丰富，标牌字体样式比较多，标牌材质也较为多元。这一方面可以提高标牌的宣传效果，另一方面，也有利于标牌的持久耐用。

（5）置放

根据场所符号学理论，标牌置放有三种情况：去语境化置放、越轨式置放、场景化置放。其中去语境化置放指标牌不受语境影响，语言文字在任何语境下都不发生改变。去语境化置放比较适合连锁商标品牌。越轨式置放指标牌出现在不该出现的位置，如电线杆小广告。场景化置放指标牌出现在合适的语境里，发挥了应有的功能。[①]

长沙市周边乡村官方标牌置放主要是场景化置放和去语境化置放两种情况。其中场景化置放的标牌主要是官方机构设置的警示牌、指示牌、信息公示牌、机关门牌等，这些标牌出现在应该出现的语境下，发挥了应有的功能。比如安全警示牌常出现在乡村池塘边、马路拐角处，指示牌常出现在村庄入口处、马路边等，信息公示牌常结合其所要公示的内容出现在对应的语境下，如《自建房安全使用告知书》、乡村环境卫生检查结果明细表等常出现在村委会办公楼附近的宣传栏上，村管湖库河长公示牌、村管小微水体片区河长公示牌等常被置放在村庄的小河边、池塘边。机关门牌毫无疑问出现在机关办公场所。这些标牌结合其所处语境发挥了预期的功能，属于场景化置放。

乡村去语境化置放的标牌主要是村委会制作的美丽乡村宣传牌，标牌内容大部分是社会主义核心价值观、公民基本道德规范、社会公德、家庭美德、个人品德以及国家乡村振兴战略、美丽乡村建设等政策宣传。其目的是实现乡风文明，提高乡村精神文明建设成效。在这样的背景下，标牌适合选择去语境化置放。就实际出现的语境而言，乡村宣传牌置放的场所比较多，比如村庄入口处、马路边、田间地头、村委会办公场所周围、乡村文化广场、村民自住房的

---

① 尚国文，赵守辉．语言景观研究的视角、理论与方法 [J]．外语教学与研究，2014（2）：214-223，320．

墙壁上、乡村自建公园、篮球场或其他休闲娱乐场所等，以上位置基本覆盖了村民日常活动的主要场所，便于对村民随时随地进行精神文明教育，有利于实现标牌的信息功能和象征功能。

2. 乡村私人标牌语言景观

（1）语码选择与语码组合

本次调查的2588块标牌中，私人标牌累计976块，占所有标牌总数的37.71%。其语码选择与组合情况见表3-6。

表3-6　长沙市周边乡村私人标牌语言景观分类和数量

单位：块

语言类别	商铺招牌	服务机构与村民住宅门牌	海报宣传牌	民间信息与指示牌	合计
汉语单语标牌数量	229	291	181	122	823
汉英双语标牌数量	45	17	55	34	151
汉维双语标牌数量	2	0	0	0	2
合计	276	308	236	156	976

从表3-6可知，私人标牌中单语标牌共计823块，占私人标牌总数的84.32%，其余153块为双语标牌，占私人标牌总数的15.68%，其中汉英双语标牌151块，汉维双语标牌2块。这表明，私人标牌中汉语单语标牌也占绝对优势，标牌语言具有比较明显的单一性特征。双语标牌数量不多，其语言选择的多样化趋势不明显，除了2块"汉语＋维吾尔语"组合的私人标牌外，其余均为"汉语＋英语"组合形式。下面我们对不同功能类型的私人标牌语码类型略举几例（见表3-7）。

表3-7　乡村私人标牌语码类型示例表

私人标牌	语言组合情况	示例
商铺招牌	汉语	◎薯夫妻　　　　　　　◎创鸿农业 ◎静慎家园建材店　　　◎新乡贤米业 ◎珠琳塘商店

私人标牌	语言组合情况	示例
商铺招牌	汉语＋英语	◎零角度烘焙馆 Zero angle ◎老百姓健康药房 LBX PHARMACY ◎钻石人生 KTV ◎老龙家葡萄园 Lao long jia vineyard ◎青青园葡萄园 Green Garden Vineyard
	汉语＋维吾尔语	
服务机构与村民住宅门牌	汉语	◎湖南生意之家长沙市运营中心 ◎长沙市岳麓区农趣谷文化旅游发展有限公司 ◎长沙嘉泉物业管理有限公司 ◎长沙霞之光食品贸易有限公司 ◎亲亲宝贝幼儿园
	汉语＋英语	◎迪为农业 DIWEI Agriculture ◎长沙有机谷 CHANGSHA ORGANIC VILLAGE ◎长沙农村商业银行便民金融服务点 　CHAGNSHA RURAL COMMERCIAL BANK ◎长沙市望城区茶亭镇大龙村惠农服务社 CHINACP-OP ◎湖南省农村信用社福祥 e 站 　HUNAN RURAL CREDIT COOPERATIVE
海报宣传牌	汉语	◎供应环保碳　　　　◎露天水稻种植区 ◎本店卖快乐 8 了　　◎抹布批发零售 ◎会员积分兑奖活动
海报宣传牌	汉语＋英语	◎生态农庄漱口塘　餐饮　垂钓　KTV　棋牌　民宿 ◎湖南鼎泰农业发展有限公司　企业简介 　HUNAN DINGTAI AGRICULTURAL DEVELOPMENT 　CO..LTD ◎中国电信 CHINA TELECOM 静慎村平安乡村监控平台 ◎休闲垂钓 Enjoy Fishing　乡村美食 Country food ◎棋牌游乐 Chess amusement ◎农趣谷生态庄园用餐停车 P ◎城市里的花田乐园 Urban Flower Sea

私人标牌	语言组合情况	示例
民间信息与指示牌	汉语	◎迪为农业→ ◎围栏请勿攀登 ◎一级水平潜流人工湿地 ◎天福人家欢迎您 由此→ 3200 米 ◎早餐在后面→ ◎招租公告
	汉语＋英语	◎游客中心 Visitors Centre ◎鱼船码头 fishery quay ◎停车场 Parking lot ◎灭烟 NO SMOKING ◎小心玻璃 Take The Glass ◎非请勿入 NO Entery

结合上述研究发现，无论是官方标牌还是私人标牌，乡村标牌在语码选择与组合上均以汉语单语标牌为主体，双语标牌数量少，且外语语种只有英语。即乡村标牌呈现出比较明显的单一性特征。这表明，在乡村环境下，作为官方语言的汉语拥有极高权势地位，不同标牌设立主体均坚守汉语的主体地位，这也是地方政府对国家语言文字方针政策坚决贯彻与执行的结果。此外，乡村标牌语码选择还受以下因素影响：第一，受乡村地理环境的限制。本次调查的乡村除了学华村相对靠近市区以外，其余乡村距离市中心都有数十千米的车程。因此，外来游客数量少，外籍人士更少，国际化程度不明显，外语标牌的必要性不大。另一方面，乡村标牌的受众群体主要是村民，他们习惯使用汉语和汉字，外语阅读与接受能力有限，汉语标牌适应村民语言能力，能满足村民日常需要。

(2) 语言景观功能分布

据表3-6可知，本研究所调查的976块私人标牌主要分布在商铺招牌、服务机构与村民住宅门牌、海报宣传牌、民间信息与指示牌等方面，其中商铺招牌和海报宣传牌数量最多，累计达512块，占私人标牌的52.46%，主要是为村民提供日常消费与生活服务。从这些标牌承载的内容来看，涉及百货超市、福利彩票、餐饮、住宿、汽车修理、建材、医药、快递、服饰、房屋出租、广告图文、美容美发、废品回收、教育科技、农作物种植、汽车驾驶培训、家装与零部件经营、休闲娱乐等行业。此外，私人标牌中服务机构和村民住宅门牌有308块，占私人标牌的31.56%。其中服务机构门牌120块，包括邮局、银行、电信、学校、电网、医院、卫生室、诊所、电商服务站、农业科技公司、劳务机构、土地专业合作社、农机专业合作社、科研工作站、绿化公司、渔业开发公司等，主要为村民提供金融、教育、医疗、电力、物流、科技、就业、土地经营等方面的服务。村民住宅门牌方面，由于家家户户均有门牌，我们采取了抽样的方式，每个村每个组选取一块门牌计入统计范畴。按照这样的取样标准，静慎村有34个村民小组，故有34块住宅门牌；坪头村有33个村民小组，故有33块住宅门牌；大龙村有52个村民小组，故有52块住宅门牌；学华村有55个村民小组，故有55块住宅门牌；新明村有14个村民小组，故有14块住宅门牌，所有私人住宅门牌累计188块。私人标牌中民间信息与指示牌数量最少，累计156块，占私人标牌的15.98%，主要是个人或企业设立的交通指示牌、各类警示信息牌等。

总之，从私人标牌承载的内容来看，长沙市乡村私人标牌所涉门类虽然不多，但覆盖的面相对比较广，特别是商业服务方面，包含了近20个小门类，基本能满足村民日常生活所需。

（3）语码取向

本次调查的976块私人标牌中，双语标牌153块，其中"汉语＋英语"组合模式的双语标牌151块，"汉语＋维吾尔语"组合模式的双语标牌2块。从双语标牌文字排列情况来看，包围式4块、横向排列式145块、纵向排列式4块。结合上文界定的双语标牌语码取向判定标准，所有私人双语标牌的语码取向均为汉语，这些以汉语为优势语码的标牌通常遵循了双语标牌中优势文字排列的规则，或者汉字字号比较大、位置比较显眼。如图3-13。

图3-13　果园镇新明村

（4）字刻

长沙市周边乡村私人标牌选材比较广，如吸塑板、木板、胶纸、喷绘布以及各种金属材料等。其中村民住宅门牌一般是用铝板制作而成，这类材料制作的标牌耐腐蚀性比较强；宣传海报常用胶纸，甚至普通打印纸，这种类型的标牌制作比较简单，往往是粘贴在墙壁、宣传栏、电线杆上。也有些宣传海报是在墙壁或宣传栏上直接喷绘而成。还有少数私人标牌用普通纸板、黑板制作而成，书写方式为手写体，外观看起来比较简陋。此外，还有少数私人标牌是直接篆刻在墙壁上。

从标牌字体来看，既有黄底红/黑字、蓝底白/红字、白底红/绿/黑字、红底白/黑/红/黄字、绿底白/黄字、黑底白/黄字、棕底白字、灰底黑/黄字等单色底单色字招牌，也有红底黄白字、黄底红蓝黑字、绿底黄白字、黑底红绿黄白字、白底蓝黑/黄黑/蓝红字、蓝底黄白字等单色底多色字招牌，还有彩底多色字招牌，以及以自然天地为底色的彩色招牌等。总之，私人标牌字体颜色和底色非常多元，标牌设立者根据自身喜好随意选择，自由度比较高。

字体设计上，有两种类型。一种类型是字体大小一致，色彩单一，外观看起来比较简洁，这在服务机构和村民住宅门牌、民间信息公示牌和指示牌中比较常见。另一种类型是标牌字体大小不一致，有时候一块标牌采用了多种字体，色彩丰富，且还配有装饰性的图案和符号，这类标牌涵盖了一定的设计元素，这在商家制作的宣传海报、店铺招牌中比较常见。

此外，少数私人标牌还出现了累加现象，如标牌上电话号码、商品价格的更换或添加等。总体而言，绝大多数标牌比较固定，累加现象属个案。

（5）置放

在标牌置放上，长沙市周边乡村语言景观有去语境化置放、场景化置放、越轨式置放三种置放形式。其中去语境化置放主要是标牌形式和意义不随语境变化而变化，私人标牌中部分国内外知名品牌的标牌往往属于这种置放类型。在本次调查的乡村私人标牌中，电信、移动、邮局、银行、电网等服务机构以及加盟经营的店铺招牌如彩票站、快递站、药房等属于去语境化置放，这类标牌在全国知名度高、影响范围广，不管是城市还是乡村，其标牌形式和意义不会发生变化。场景化置放指标牌放在应该置放的位置，发挥了应有的功能。本次调查的乡村私人语言景观中，绝大多数的店铺招牌、广告牌、宣传海报、村民住宅门牌、民间信息与指示牌等均属于场景化置放，这些标牌被置放在其应该置放的位置，能向村民或游客传达商品经营的范围、特色及村民居住的位置、民间指示或警示信息等，发挥了标牌应有的功能。

值得注意的是，本次调查的私人标牌中，有少量的标牌为越轨式置放，即标牌被置放在不应该置放的位置。例如有的标牌设立主体为了尽可能扩大信息传播的范围和速度，将写有门面出租、房屋出租、店铺转让等信息的标牌随意张贴在电线杆、村民住宅的墙壁、店铺门面、村委会门口的宣传栏、超市门口的玻璃窗等位置。为了节省标牌制作经费，标牌设立者常常采用普通纸质材料，重复打印多份到处张贴，类似于人们常提及的"牛皮癣"小广告。这类越轨式置放的标牌对于标牌设立主体而言，具有经济、快速、便利的优点，但破坏了村容村貌、干扰了其他标牌信息功能的发挥；有的农户为了出售自家的土特产，将土特产宣传标牌悬挂在乡村马路两旁的树干上，虽然方便了过路行人，但影响了村容村貌；还有的多块私人标牌挨挨挤挤在一起，看得人眼花缭乱，分不清店铺具体经营的范围。

总体而言，这类越轨式置放的标牌一般具有临时性特点，标牌设立主体较多出于个人经济目的，片面追求私利的最大化，忽视了标牌应该被置放的位置，造成了标牌的越轨式置放。越轨式置放的标牌干扰了其他标牌功能的正常发挥，破坏了村容村貌，应该被规范，本书后面章节将专门讨论。

三、总结与讨论

（一）乡村语言景观构建原则

语言景观具有四条构建原则：突显自我原则、充分理性原则、集体认同原则、权势关系原则。[①] 对长沙市周边乡村语言景观进行分析我们发现，乡村语言景观重点体现了以下几条原则。

1. 突显自我原则

近年来，在国家美丽乡村建设、文明村镇创建活动中，广大农村开展了村容村貌整治行动，乡村环境发生了翻天覆地的变化。在美丽屋场建设行动中，各村比较重视标牌的建设工作，尤其是在乡村文化广场、村委会和村党支部办公场所，官方制作的语言标牌数量多、内容丰富、形式多样。为了体现各村的创建特色，相关人员在标牌设计上求新求异。本文取样的标牌中，有的标牌语言风格具有文学色彩，能给观众带来与众不同的审美快感。如坪头村土岭屋场环境保护标牌写道："花草有情，踏之何忍""小草在成长，踏入想一想""绿草如茵，美丽如画""护我一丝绿荫，送您一片温馨"。这些标牌运用拟人、比喻、对偶等修辞手法，给观众带来亲切感。而坪头村丰术屋场内的一面文化墙更具特色，文化墙以郁郁葱葱的田野和错落有致的房屋为背景，用抒情性和文学性的语言介绍了丰术家园，给观众带来不一样的审美体验（见图3-14）。

---

① 尚国文，赵守辉.语言景观的分析维度与理论构建[J].外国语，2014（6）：81-89.

图3-14　坪头村丰禾屋场

坪头村华山屋场的幸福广场墙壁上张贴着退休村民撰写的"幸福颂"，作品以甲乙丙丁四人群口相声的方式讲述了华山屋场的幸福生活（见图3-15）。

图3-15　坪头村华山屋场

此外，还有标牌用古文字营造古色古香的气息，如坪头村华山屋场入口处的石制门牌上，有一段古文字书写的乡村介绍（见图3-16）。静慎村乡贤故事宣传牌上也有古文字图片（见图3-17）。

图3-16　坪头村华山屋场

图3-17　静慎村

　　不难发现，在美丽乡村和文明村镇创建活动中，各村比较重视标牌的建设工作，部分官方标牌语言景观在表现形式与内容上比较有特色，这是语言景观设立者有意突显自我原则的体现。标牌语言景观的标新立异、与众不同有助于在美丽乡村和文明村镇评比活动中吸引受众眼球，给人带来不一样的审美体验。同时，也有助于美化乡村人居环境，提升乡村治理水平。

2. 充分理性原则

　　"语言标牌以其独特性吸引路人的注意力，但标新立异背后也有趋同的一面，那就是理性地满足读者的需求。"① 对长沙市周边乡村语言景观分析发现，2588块标牌中，汉语单语标牌占比89.03%，双语标牌只占10.97%，没有外语单语标牌，也没有三语以上标牌。在所有双语标牌中，汉语均为优势语言，且除了2块标牌中的双语组合为"汉语＋维吾尔语"之外，其余所有双语标牌均为"汉语＋英语"。在双语标牌的文本互译类型上，完全有效翻译或转译的标牌占17.96%，部分有效翻译或转译的标牌占80.63%，两种类型的文本互译标牌合计占98.59%，而这两类标牌的共同点在于对阅读者的外语能力要求不高。从标牌设立主体来看，不管是官方标牌还是私人标牌，汉语标牌均占绝对优势。长沙市周边乡村语言景观在语种分布、语码取向、外语选择上的特点，实际上是对语言景观构建理性原则的遵守。

　　受地理位置和经济发展水平局限，乡村对外开放程度普遍不高，外来人员数量少，外籍人员更少，因此乡村标牌的主体受众为当地村民。但在乡村语境下，村民受教育程度普遍不高，外语水平有限。因此，乡村外语标牌的实际需求量不高，即便是有双语标牌的需要，也是以国际通用的英语为主，且所有标牌都要以汉语为优势语码，否则目标受众无法阅读。很显然，乡村标牌设立者考虑到了以上客观现实，在标牌制作上充分遵守了理性原则，优先满足目标受众的阅读需求。

---

① 尚国文，赵守辉. 语言景观的分析维度与理论构建 [J]. 外国语，2014（6）：81-89.

3. 权势关系原则

上述研究发现，不管是官方标牌还是私人标牌，汉语在所有标牌中的出现率为100%，即没有外语单语标牌，且即便是双语标牌，汉语也是绝对优势语言。长沙市周边乡村语言景观这一特点体现了语言景观构建中的权势关系原则。

《中华人民共和国国家通用语言文字法》（2000年）第三、十三条分别规定："国家推广普通话，推行规范汉字。""因公共服务需要，招牌、广告、告示、标志牌等使用外国文字并同时使用中文的，应当使用规范汉字。"此外，《广告语言文字管理暂行规定》（1998年）第五条也明确规定"广告用语用字应当使用普通话和规范汉字"；第六条规定"广告中不得单独使用外国语言文字。广告中如因特殊需要配合使用外国语言文字时，应当采用以普通话和规范汉字为主、外国语言文字为辅的形式，不得在同一广告语句中夹杂使用外国语言文字。广告中的外国语言文字所表达的意思，与中文意思不一致的，以中文意思为准"。[①]

在国家语言文字法律法规的指导下，湖南省相关部门也先后出台了语言文字规范细则。如《湖南省实施〈中华人民共和国国家通用语言文字法〉办法》（2006年）第十一、十三、十四条明确规定：公共服务行业的名称牌、标志牌、指示牌等，以及路名、街名、桥名、交通站牌、建筑物名称、企事业单位名称等公共场所设施用字和广告用语用字均应使用规范汉字。第十五条补充强调：以上三条规定的各类情形中，"不得单独使用外国语言文字；确需同时使用外国语言文字的，必须以国家通用语言文字为主、外国语言文字为辅"。[②]《长沙市户外招牌设置管理规范》（2014年）第十一条也对公共场所标牌语言文字使

---

① 广告语言文字管理暂行规定 [EB/OL].（2019-07-26）[2023-06-15].http://www.gd.gov.cn/zwgk/wjk/zcfgk/content/post_2531697.html.

② 湖南省实施《中华人民共和国国家通用语言文字法》办法 [EB/OL].（2020-07-30）（2023-06-15）.http://www.hunan.gov.cn/hnszf/xxgk/wjk/zcfgk/202007/t20200730_20daf3b3-7f4d-4c8f-a71b-4baf3ca7860d.html.

用作了明确规定，要求"以国家通用语言文字为基本的用语用字，不得使用繁体字，不得单独使用外国语言文字，且应书写规范准确"。① 此外，《长沙市公共场所用字管理暂行规定》（1998年修正）明确界定了公共场所用字的具体所指，即"指公共场所使用的汉字，包括牌匾、广告、公告、橱窗、灯箱、霓虹灯、荧屏、标语、标志、路名牌、站名牌等用字"。文件从简化字、异体字、印刷字等方面规定了公共场所用字规范。②

以上相关法律法规是国家和地方语言规划和语言政策的重要组成部分，是相关部门意志的体现。希望通过法律法规的形式，规范语言运用主体的言语行为，确保国家和地方语言规划与语言政策的贯彻落实。长沙市周边乡村标牌语言分布、语码取向等方面的特点，反映了语言景观设立者对权势关系原则的遵守。标牌语言景观是公共场所的重要形象工程，能够反映地方相关部门公共语言服务能力和服务水平，必须在国家及地方政府语言规划指导下规范建设，即便是私人标牌，也不能随心所欲。

（二）乡村语言景观的功能

研究者普遍认为，语言景观具有信息功能和象征功能。其中信息功能指语言景观所承载的字面内容，可传递标牌设立者的主观意图，属显性功能；象征功能指语言景观所映射的语言权势、语言地位，以及族群社会身份和地位等信息，属隐性功能。③

在各村调查取样过程中我们发现，长沙市周边乡村均非常重视标牌的创建

---

① 长沙市户外招牌设置管理规范 [EB/OL].http://zwfw-new.hunan.gov.cn/hnvirtualhall/zcwj/detailnew.jsp?laws_id=51959feb-2e64-494e-a404-14e9753f2102&wd=&eqid=f2665cef00002b3b00000006645c573f.

② 长沙市人民政府.长沙市公共场所用字管理暂行规定 [EB/OL].（2019-09-16）[2023-06-15].http://www.yuelu.gov.cn/yl_xxgk/xxgkml/1970189/zfgz/202111/t20211126_10366124.html.

③ 聂鹏，木乃热哈.西昌市彝文语言景观调查研究 [J].语言文字应用，2017（1）：70-79.

工作，这些标牌覆盖的区域非常广泛，乡村文化广场、村委会和村党支部办公区域、美丽屋场、乡村马路两旁、村民房前屋后、村建公园、田间地头等几乎所有村民日常活动的区域均成为标牌置放的场所。这些乡村标牌语言景观信息功能比较突出，从标牌设立主体来看，官方标牌信息功能体现在宣传教育、信息公示、交通指示、安全警示等方面，其中宣传教育功能比较突出，各村文化广场、村委会和村党支部办公场所等位置均设置了众多宣传标牌，宣传内容广，涵盖社会主义核心价值观、国家大政方针、村规民约、家庭美德、社会公德、移风易俗等，体现了官方对乡风文明建设的重视，希望借此培育文明乡风，改善民风，不断深化乡村精神文明建设。

与官方标牌语言景观相比，长沙市周边乡村私人标牌信息功能也比较突出。本研究所调查的976块私人标牌，分布在商铺招牌、服务机构与村民住宅门牌、海报宣传牌、民间信息与指示牌等方面，其中商铺招牌和海报宣传牌的数量最大，占私人标牌总数的52.46%。从标牌内容来看，这些标牌涉及百货超市、福利彩票、餐饮、住宿、汽车修理、建材、医药、快递、服饰、房屋出租、广告图文、美容美发、废品回收、教育科技、农作物种植、汽车驾驶培训、家装与零部件经营、休闲娱乐等近20个行业，当地村民和外来人员根据标牌语言景观就能初步判断店铺的经营范围、经营类别、品牌等级、营业时间、适用人群、价格水平等信息，为当地村民和外来人员消费购物提供信息索引。此外，私人标牌中的服务机构门牌，涉及邮局、银行、电信、学校、电网、医院、卫生室、诊所、电商服务站、农业科技公司、劳务机构、土地专业合作社、农机专业合作社、科研工作站、绿化公司、渔业开发公司等行业，主要是为当地村民提供金融、教育、医疗、电力、物流、科技、环境、就业、土地经营等方面的服务，人们根据这些机构门牌能初步判定其服务对象、服务范围、服务类别、服务内容等基本信息。至于村民住宅门牌，毫无疑问，能为地方相关部门提供宅基地注册登记、户政管理等服务，也能为外来人员提供信息帮助。

语言景观的第二大功能为象征功能。长沙市周边乡村标牌的象征功能比较明显，本次调查的2588块标牌上，汉语的出现率高达100%，无论是官方标牌还是私人标牌设立者，均将汉语作为乡村标牌的必选语言，没有以外语为单语的标牌。在标牌语码数量上，汉语单语标牌占89.03%，汉外双语标牌仅有10.97%。在汉外双语标牌语码取向上，汉语在所有双语标牌上均为优势语言。这象征着作为官方语言的汉语在乡村具有极高地位，在语言竞争中成为绝对优势语言，而外语在乡村的生存空间明显处于弱势。长沙市周边乡村语言景观这一特点，也象征着当地村民的族群身份特征。据走访，调查点村民的族群身份主要为汉族，少数民族的村民极少，且他们在语言、生活习惯等方面均已被当地村民汉化。

此外，长沙市周边乡村标牌上还存在少数"汉语 + 英语""汉语 + 维吾尔语"的双语标牌，这类双语标牌数量不多，仅占标牌总数的10.97%。但也象征着乡村标牌设立者努力通过双语服务彰显自身国际形象，引领乡村走向现代化这一主观意图。

（三）乡村官方语言景观与私人语言景观的异同

以上我们从语码选择与组合、语言景观功能分布、语码取向、字刻、置放等5个方面对长沙市周边乡村官方标牌与私人标牌语言景观分别进行了统计和分析。不难发现，乡村官方标牌语言景观与私人标牌语言景观存在一定的异同之处。

1. 官方标牌与私人标牌的相同之处

第一，在语码选择与组合上，无论是官方标牌还是私人标牌，均以汉语单语标牌为绝对主体，双语标牌数量少，不占优势。没有以外语为单语的标牌，汉语在所有标牌上100% 出现。

第二，在语言景观功能上，官方标牌和私人标牌均发挥了信息功能和象征功能。信息功能方面，村民借助乡村标牌不仅能了解国家大政方针、精神文明建设等宏观大事，也能获取日常消费与常规生活配套服务等方面的信息。象征功能方面，官方标牌与私人标牌均象征了作为官方语言的汉语在乡村的极高地位，在语言竞争中具有明显优势，也象征了当地村民的族群身份特征和乡村标牌设立者努力通过双语服务彰显自身国际形象、引领乡村走向现代化这一主观意图。

第三，在语码取向上，官方标牌和私人标牌上均有包围式、横向排列式、纵向排列式三种文字排列类型，且都以横向排列式为主，包围式、纵向排列式标牌为辅。根据学界有关优势语码的判定标准，结合本研究乡村标牌语言景观实际情况，确定官方双语标牌和私人双语标牌上的优势语码均为汉语。这些以汉语为优势语码的标牌通常遵循了双语标牌中优势文字排列的规则，或者汉字字号比较大、位置比较显眼。

第四，在标牌字刻上，官方标牌和私人标牌都采用了多色字体，大部分标牌也比较注重字体样式的设计和图案的搭配。在标牌材质上，两类标牌材质都比较多元，多种金属材料、布料、木料、纸张、塑料材质等都有使用。

第五，在标牌置放上，官方标牌和私人标牌置放都有场景化置放和去语境化置放两种情况。其中官方场景化置放的标牌主要是官方机构设置的警示牌、指示牌、信息公示牌、机关门牌等，这些标牌出现在应该出现的语境下，发挥了应有的功能。官方去语境化置放的标牌主要是村委会制作的美丽乡村宣传牌，标牌内容大部分是社会主义核心价值观、公民基本道德规范、社会公德、家庭美德、个人品德以及国家乡村振兴战略、美丽乡村建设等政策宣传。其目的是实现乡风文明，提高乡村精神文明建设成效。私人场景化置放的标牌包括店铺招牌、广告牌、宣传海报、村民住宅门牌、民间信息与指示牌等，主要是向村民或游客传达商品经营的范围、特色及村民居住的位置、民间指示或警示信息等。私人去语境化置放的标牌主要是一些在国内外有一定知名度、影响范围广的服务机构，如电信、移动、邮局、银行、电网等机构，以及少数加盟经营的店铺招牌，如彩票站、快递站、药房等。

2.官方标牌与私人标牌的区别

第一，在语码选择与组合上，私人双语标牌数量略高于官方双语标牌，达到15.68%，而官方双语标牌只有8.13%。在标牌语言组合方面，官方双语标牌上只有"汉语＋英语"组合模式，而私人双语标牌上除了"汉语＋英语"组合模式外，还出现了"汉语＋维吾尔语"的组合模式，即私人标牌上的语种有汉语、英语、维吾尔语三种语言。

第二，在语言景观功能分布上，官方标牌注重对村民进行宣传教育，而私人标牌比较关注为村民提供日常生活消费服务。按照统计结果，官方标牌主要分布在宣传、信息公示、指示牌与警示牌、单位门牌与建筑牌等方面，其中宣传类的标牌数量最多，占官方标牌总数的68.61%。宣传的场所比较多，如乡村文化广场、村委会和村党支部办公区域、美丽屋场、乡村马路两旁、村民房前屋后、村建公园、田间地头等均可看到宣传牌，宣传的内容包括国家大政方针、社会主义核心价值观、村规民约、社会公德、家庭美德等。而私人标牌语言景观主要集中在商铺招牌、服务机构和村民住宅门牌、海报宣传牌、民间信息与指示牌等方面，其中商铺招牌和海报宣传牌数量最多，二者累计占私人标牌的52.46%，主要为村民提供日常消费服务。其次是服务机构和村民住宅门牌，前者主要是为村民提供金融、教育、医疗、电力、物流、科技、就业、土地经营等服务，后者主要是为地方相关部门提供宅基地注册登记、户政管理等服务。

第三，在语码取向上，官方与私人双语标牌文字排列虽都以横向排列式为主，包围式、纵向排列式标牌为辅，但相比而言，官方双语标牌上横向排列式标牌数量略低于私人双语标牌，如官方横向排列双语标牌占70.23%，而私人横向排列双语标牌则高达94.77%。

第四，在标牌字刻上，私人标牌字体背景和颜色比官方标牌更加多元化，单色底单色字、单色底多色字、彩底多色字以及以自然天地为底色的彩色字招牌均比较常见。总之，私人标牌设立者可以根据自身喜好随意选择，自由度比较高。但在字体设计、图案样式和编排上，官方标牌比私人标牌更加精美、规范，做工更加考究和细致，这在各村官方设立的宣传标牌上有比较明显的体现。在标牌材质上，官方标牌材质更加突显耐用性与可持续性。比如石材，不少乡村美丽屋场入口的门牌、村级公园、文化广场等公共场所都可见石材制作的标牌，这些石制标牌大小不一，字迹清晰，看起来坚固又美观。相比于官方标牌的耐用性和可持续性，有些私人标牌材质明显简陋，如普通A4纸、废旧纸板、胶纸、喷绘布、小黑板等材质均比较常见，如用废旧纸板制作的标牌，其书写方式为手写体，外观看起来比较简陋。此外，少数私人标牌还出现了累加现象，如标牌上电话号码、商品价格的更换或添加等。私人标牌在材质、字体、累加等方面的表现，体现出了比较明显的临时性特征，这与其标牌制作的意图有直接关系。比如，普通A4纸、废旧纸板、小黑板类的标牌多以村民发布的房屋招租信息为主，这类信息往往具有临时性、短时性特征，标牌设立者为了节省成本，故采用了这类材质。

第五，在标牌置放上，官方标牌有场景化置放和去语境化置放两种情况，而私人标牌除了场景化置放和去语境化置放以外，还有越轨式置放。这类越轨式置放的标牌有的被张贴在电线杆、村民住宅的墙壁、店铺门面、村委会门口的宣传栏、超市门口的玻璃窗等位置，标牌内容常为门面出租、住房出租、店铺转让等信息；有的标牌被悬挂在乡村马路两旁的树干上，这类标牌主要是村民自家种植的土特产出售和住房出租信息；有的标牌挨挨挤挤摆在一起，看得人眼花缭乱。这类越轨式置放的标牌破坏了村容村貌，干扰了其他标牌信息功能的发挥，应该被规范。

四、本章小结

本章对长沙市周边5个国家级文明村的语言景观状况进行了总体分析，虽然未能覆盖长沙市所有乡村语言标牌的全貌，但大概也能了解到长沙市同级别乡村公共场所的语言生态情况。研究发现：

第一，长沙市周边乡村语言景观的单语性比较突出。5个乡村2588块标牌中，汉语单语标牌数量高达2304块，占标牌总数的89.03%。"汉语＋外语／外族语"组合模式的双语标牌只有284块，占标牌总数的10.97%。

第二，长沙市周边乡村标牌语码组合类型只有"汉语单语""汉语＋英语""汉语＋维吾尔语"三种情况。双语标牌上的其他语种数量有限，只有英语和维吾尔语两种语言，其中英语出现的频率远超维吾尔语。284块双语标牌中，有282块标牌使用了英语，占全部双语标牌的99.30%。这说明，长沙市乡村标牌语码组合类型相对比较单一，且在乡村双语标牌中，英语是标牌上使用频率最高的外语。

第三，汉语在长沙市周边乡村语言景观中具有比较高的地位。2588块标牌中，汉语在所有标牌上的出现率为100%。没有外语单语标牌。所有双语标牌上的优势语码均为汉语。

第四，284块双语标牌在文本互译类型上，倾向于完全有效翻译或转译、部分有效翻译或转译，两者合计占了所有双语标牌的98.95%，无效翻译或转译的标牌数量有限。这说明，乡村标牌设立者在双语标牌的制作上尊重乡村实际，充分考虑到了村民的外语水平现状，尽可能照顾绝大多数人的阅读习惯，保障村民在外语水平有限的情况下依然能读懂标牌传达的信息。

第五，长沙市周边乡村语言景观构建遵循了三大原则：突显自我原则、充分理性原则和权势关系原则。其中突显自我原则表现在标牌语言景观标新立异、与众不同上。在美丽乡村和文明村镇创建活动中，各村均比较重视标牌的建设工作，特别是官方标牌语言景观在表现形式与内容上比较有特色，这是语言景观设立者有意突显自我原则的体现。同时，考虑到乡村环境、村民文化程度等方面的实际情况，长沙市周边乡村语言景观构建也遵循了充分理性原则，这表现在标牌语种分布、语码取向、外语选择、双语标牌文本互译类型等方面。此外，不管是官方标牌还是私人标牌，汉语在所有标牌中的出现率为100%，没有外语单语标牌，且即便是双语标牌，汉语也是绝对优势语言。

第六，从语言景观设立主体来看，长沙市周边乡村官方标牌与私人标牌存在一定的异同之处。

相同之处体现在：在语码选择与组合上，官方标牌与私人标牌均以汉语单语标牌为主，双语标牌数量少，不占优势，没有外语单语标牌；在语言景观功能上，官方标牌与私人标牌均发挥了信息功能和象征功能；在语码取向上，官方标牌与私人标牌上均有包围式、横向排列式、纵向排列式三种文字排列类型，且都以横向排列式为主，包围式、纵向排列式为辅。两类标牌上的优势语码均为汉语。这些以汉语为优势语码的标牌通常遵循了双语标牌中优势文字排列的规则，或者汉字字号比较大、位置比较显眼；在标牌字刻上，官方标牌和私人标牌都采用了多色字体，大部分标牌也比较注重字体样式的设计和图案的搭配。在标牌材质上，两类标牌材质都比较多元，多种金属材料、布料、木料、纸张、塑料材质等都有使用；在标牌置放上，官方标牌与私人标牌都有场景化置放和去语境化置放两种情况。

官方标牌与私人标牌的差异表现在：在语码选择与组合上，私人双语标牌数量略高于官方双语标牌；在标牌语码组合方面，官方双语标牌上只有汉英组合模式，而私人双语标牌上除了汉英组合模式外，还出现了"汉语＋维吾尔语"的组合模式；在语言景观功能上，官方标牌注重对村民进行宣传教育，而私人标牌比较关注为村民提供日常生活消费服务；在标牌文字排列方式上，官方双语标牌上横向排列式标牌数量略低于私人双语标牌，如官方横向排列双语标牌占70.23%，而私人横向排列双语标牌则高达94.77%；在标牌字刻上，私人标牌字体背景和颜色比官方标牌更加多元化，但在字体设计、图案样式和编排上，官方标牌比私人标牌更加精美、规范，做工更加考究和细致；在标牌材质上，官方标牌材质更加突显耐用性与可持续性，而私人标牌材质整体简陋一些；此外，少数私人标牌上还出现了累加现象；在标牌置放上，官方标牌有场景化置放和去语境化置放两种情况，而私人标牌除了场景化置放和去语境化置放以外，还有越轨式置放。

第四章　乡村语言景观地理分布研究

　　"已有研究表明，地理分布是影响语言景观构建的一个重要变量。"[1] 如 Monnier 对加拿大蒙特利尔岛语言景观调查发现，其语言使用人数与语言景观存在对应关系，具体表现在，岛的东部法语标志占优势，而岛的西部则以英语标志为主体。[2] 聂鹏等对西昌市老城区和商业区语言景观使用现状调查发现，老城区双语或多语标牌上中文为优势语言（92.8%），其次是彝文（7.2%），没有英文优势标牌；而商业区双语或多语标牌上英文为优势语言的标牌占53.8%，中文为优势语言的标牌占43.3%，彝文只有2.9%。说明老城区和商业区对彝文语言景观的认可度存在明显区别。[3] 徐茗对北京市16个区的语言景观地理分布调查发现，"北京市各区在语言景观多样化水平、语言种类、语言组合模式、多语标志上优势语言以及文本互译等方面表现出一定的空间差异"。[4]

　　本书对长沙市周边5个乡村的语言景观样本分别进行了统计。本章将从语言景观数量、语言组合模式、双语现象分布、文本互译、不同设置主体标牌比重、行业类型分布等方面对不同地理区域的语言景观样本进行对比分析，并从乡村区位条件、产业发展布局、国家和地方乡村政策的促进等方面分析不同乡村语言景观地理分布产生差异的原因。

---

① 徐茗 . 北京市语言景观调查研究 [M]. 上海：上海三联书店，2020.

② 徐茗 . 北京市语言景观调查研究 [M]. 上海：上海三联书店，2020.

③ 聂鹏，木乃热哈 . 西昌市彝文语言景观调查研究 [J]. 语言文字应用，2017（1）：70-79.

④ 徐茗 . 北京市语言景观调查研究 [M]. 上海：上海三联书店，2020.

一、乡村语言景观地理分布差异的表现

（一）乡村语言景观数量地理分布差异

据统计，本次调查的5个乡村，各村语言景观数量分布存在一定区别。其中坪头村共有474块语言标牌，大龙村394块，静慎村504块，新明村415块，学华村801块。相对而言，学华村语言标牌数量最多，大龙村语言标牌数量最少。各村标牌数量见表4-1。

表4-1　长沙市周边乡村语言景观数量地理分布

地点	坪头村	大龙村	静慎村	新明村	学华村
语言标牌数量／块	474	394	504	415	801

（二）乡村标牌语言组合模式地理分布差异

据统计，坪头村474块语言标牌中，汉语单语标牌数量为422块，占该村标牌总数的89.03%；汉英双语标牌有52块，占该村标牌总数的10.97%。没有多语标牌。大龙村394块语言标牌中，汉语单语标牌数量为355块，占该村标牌总数的90.10%；汉英双语标牌有39块，占该村标牌总数的9.90%。没有多语标牌。静慎村504块语言标牌中，汉语单语标牌数量为490块，占该村标牌总数的97.22%；汉英双语标牌只有14块，占该村标牌总数的2.78%。没有多语标牌。新明村415块语言标牌中，汉语单语标牌数量为339块，占该村标牌总数的81.69%；汉英双语标牌数量为76块，占该村标牌总数的18.31%。没有多语标牌。学华村801块标牌中，汉语单语标牌数量为698块，占该村标牌总数的87.14%；汉英双语标牌101块，汉维双语标牌2块，双语标牌占该村标牌总数的12.86%。各村标牌语言组合模式具体分布情况见表4-2。

从表4-2可知，5个乡村中，其标牌语言组合模式均为汉语单语标牌和双语标牌，没有外语单语标牌，也没有多语标牌。在汉语单语标牌方面，静慎村和大龙村的单语标牌数量都突破了90%，其中静慎村单语标牌高达97.22%，双语标牌数量只占2.78%。其余3个乡村单语标牌数量均在80%至90%区间内，其中新明村的单语标牌相对最少，占81.69%，双语标牌数量最多，占18.31%。在双语标牌方面，坪头村、大龙村、静慎村、新明村均为"汉语＋英语"双语标牌组合，学华村除了"汉语＋英语"双语标牌组合外，还有2例"汉语＋维吾尔语"双语标牌组合。

表4-2　长沙市周边乡村语言组合模式地理分布

地点	标牌数量／块	类型			
		汉语单语／块	占比／%	双语／块	占比／%
坪头村	474	422	89.03	52	10.97
大龙村	394	355	90.10	39	9.90
静慎村	504	490	97.22	14	2.78
新明村	415	339	81.69	76	18.31
学华村	801	698	87.14	103	12.86
总计	2588	2304	89.03	284	10.97

（三）乡村语言景观双语现象地理分布差异

根据表4-2可知，本次调查的5个乡村均没有多语语言景观。双语标牌累计284块，其中坪头村52块，占该村标牌总数的10.97%；大龙村双语标牌39块，占该村标牌总数的9.90%；静慎村双语标牌14块，占该村标牌总数的2.78%；新明村双语标牌76块，占该村标牌总数的18.31%；学华村双语标牌103块，占该村标牌总数的12.86%。

5个乡村，虽然各村双语标牌数量均不多，但在百分比上依然存在明显差异。其中新明村双语标牌数量最多，占该村标牌的18.31%。其次是学华村，双语标牌占比12.86%。坪头村、大龙村双语标牌数量比较接近，分别占比10.97%、9.9%。静慎村双语标牌数量最少，只有2.78%。

需要说明的是，5个乡村中新明村的双语标牌数量最高有一定的特殊因素。整理资料发现，该村引进了长沙有机谷项目，该项目制作了众多标牌，比如在有机谷开心农场内，有47块汉英双语标牌，英文均为"长沙有机谷"项目商标

的翻译 "CHANGSHA ORGANIC VILLAGE"，相当于是该公司的LOGO，一般位于标牌的左上方或正下方（见图4-1）。这客观上提高了新明村双语标牌的数量。如果排除这种特殊因素，本书调查的5个乡村中，双语标牌相对较高的是学华村和坪头村。

图4-1　新明村长沙有机谷

（四）乡村语言景观双语标牌上的文本互译地理分布差异

Backhaus将文本互译分为四种类型：第一种，完全有效的翻译或转译；第二种，部分有效的翻译或转译；第三种，相互之间无有效翻译或转译（不同语言的文本内容互为补充）；第四种，相互之间无有效翻译或转译（文本只有一种语言）。[①] 根据Backhaus对文本互译类型的划分，我们对本书调查所涉及的5个乡村双语标牌上的文本互译类型进行统计。研究发现，各村在文本互译方面表现见表4-3。

表4-3显示，坪头村双语标牌累计52块，在文本互译上完全翻译的标牌有10块，占双语标牌的19.23%；部分翻译的标牌有42块，占双语标牌的80.77%。无有效翻译的两种类型均没有。从标牌设置主体来看，官方标牌中75.61%的标牌在文本互译上采用了部分有效翻译，24.39%的标牌为完全有效翻译。非官方标牌中，所有标牌在文本互译上均采取了部分有效翻译。

---

① 徐茗.北京市语言景观调查研究[M].上海：上海三联书店，2020.

表4-3　坪头村双语标牌文本互译类型分布情况

文本互译类型	官方标牌		非官方标牌		总计	
	数量/块	占比/%	数量/块	占比/%	数量/块	占比/%
完全有效翻译	10	24.39	0	0	10	19.23
部分有效翻译	31	75.61	11	100	42	80.77
无有效翻译（2种语言互为补充）	0	0	0	0	0	0
无有效翻译（1种语言）	0	0	0	0	0	0
合计	41	100	11	100	52	100

表4-4显示，大龙村双语标牌累计39块，在文本互译上完全有效翻译的标牌只有2块，占双语标牌的5.13%；部分有效翻译的标牌有37块，占双语标牌的94.87%。无有效翻译的两种情况均没有。从标牌设置主体来看，官方标牌中91.67%的标牌在文本互译上采用了部分有效翻译，8.33%的标牌为完全有效翻译。非官方标牌中，96.30%的标牌在文本互译上采取了部分有效翻译，3.70%的标牌为完全有效翻译。

表4-4　大龙村双语标牌文本互译类型分布情况

文本互译类型	官方标牌		非官方标牌		总计	
	数量/块	占比/%	数量/块	占比/%	数量/块	占比/%
完全有效翻译	1	8.33	1	3.70	2	5.13
部分有效翻译	11	91.67	26	96.30	37	94.87
无有效翻译（2种语言互为补充）	0	0	0	0	0	0
无有效翻译（1种语言）	0	0	0	0	0	0
合计	12	100	27	100	39	100

表4-5显示，静慎村双语标牌累计只有14块，在文本互译类型上完全有效翻译的标牌2块，占双语标牌的14.29%；部分有效翻译的标牌有11块，占双语标牌的78.57%。无有效翻译（2种语言互为补充）的标牌1块，占双语标牌的7.14%。从标牌设置主体来看，官方标牌中66.67%的标牌在文本互译类型上采

用了部分有效翻译，22.22%的标牌为完全有效翻译，11.11%的标牌为无有效翻译（2种语言互为补充）。非官方标牌中，所有标牌均为部分有效翻译。

表4-5　静慎村双语标牌文本互译类型分布情况

文本互译类型	官方标牌		非官方标牌		总计	
	数量/块	占比/%	数量/块	占比/%	数量/块	占比/%
完全有效翻译	2	22.22	0	0	2	14.29
部分有效翻译	6	66.67	5	100	11	78.57
无有效翻译（2种语言互为补充）	1	11.11	0	0	1	7.14
无有效翻译（1种语言）	0	0	0	0	0	0
合计	9	100	5	100	14	100

表4-6显示，新明村双语标牌累计76块，在文本互译类型上完全有效翻译的标牌有13块，占双语标牌的17.11%；部分有效翻译的标牌有61块，占双语标牌的80.26%。无有效翻译（2种语言互为补充）的标牌2块，占双语标牌的2.63%。从标牌设置主体来看，官方标牌中80.26%的标牌在文本互译类型上采用了部分有效翻译，17.11%的标牌为完全有效翻译。非官方标牌中，79.31%的标牌在文本互译类型上采取了部分有效翻译，20.69%的标牌为完全有效翻译。

表4-6　新明村双语标牌文本互译类型分布情况

文本互译类型	官方标牌		非官方标牌		总计	
	数量/块	占比/%	数量/块	占比/%	数量/块	占比/%
完全有效翻译	1	5.56	12	20.69	13	17.11
部分有效翻译	15	83.33	46	79.31	61	80.26
无有效翻译（2种语言互为补充）	2	11.11	0	0	2	2.63
无有效翻译（1种语言）	0	0	0	0	0	0
合计	18	100	58	100	76	100

表4-7显示，学华村双语标牌累计103块，在文本互译类型上完全有效翻译的标牌有24块，占双语标牌的23.30%；部分有效翻译的标牌有78块，占双语标

牌的75.73%。无有效翻译（2种语言互为补充）的标牌只有1块，占双语标牌的0.97%。从标牌设置主体来看，官方标牌中60.78%的标牌在文本互译类型上采用了部分有效翻译，39.22%的标牌为完全有效翻译。非官方标牌中，90.38%的标牌在文本互译类型上采取了部分有效翻译，7.69%的标牌为完全有效翻译，1.92%的标牌为无有效翻译（2种语言互为补充）。

表4-7　学华村双语标牌文本互译类型分布情况

文本互译类型	官方标牌		非官方标牌		总计	
	数量/块	占比/%	数量/块	占比/%	数量/块	占比/%
完全有效翻译	20	39.22	4	7.69	24	23.30
部分有效翻译	31	60.78	47	90.38	78	75.73
无有效翻译（2种语言互为补充）	0	0	1	1.92	1	0.97
无有效翻译（1种语言）	0	0	0	0	0	0
合计	51	100	52	100	103	100

以上各村双语标牌上文本互译类型的分析显示，各村双语标牌总体上以部分有效翻译为主，完全有效翻译为辅，少数村庄还有少数无有效翻译（2种语言互为补充）情况。但各村双语标牌在文本互译类型上还存在一定的差异，具体而言：在文本互译类型上，静慎村、新明村、学华村各村有3种互译类型，分别为完全有效翻译、部分有效翻译、无有效翻译（2种语言互为补充）。而坪头村、大龙村只有完全有效翻译和部分有效翻译两种类型，没有无有效翻译类型。

在各村以部分有效翻译占主体的情况下，大龙村部分有效翻译的标牌相对最多（94.87%），其次是坪头村（80.77%）和新明村（80.26%），部分有效翻译标牌相对最低的是静慎村（78.57%）、学华村（75.73%）。反过来，在完全有效翻译方面，结论有明显变化，各村完全有效翻译的标牌从高到低依次排序为：学华村（23.30%）、坪头村（19.23%）、新明村（17.11%）、静慎村（14.29%）、大龙村（5.13%）。在无有效翻译（2种语言互为补充）方面，静慎村、新明村、学华村三个乡村的占比分别为7.14%、2.63%、0.97%。

从标牌设置主体来看，坪头村、大龙村、新明村、学华村四村的官方标牌均采用了完全有效翻译和部分有效翻译两种文本互译类型，而静慎村的官方标牌除了完全有效翻译和部分有效翻译之外，还有无有效翻译（2种语言互为补充）。其中，大龙村官方标牌文本互译类型中部分有效翻译最高（91.67%），其次是新明村（80.26%）、坪头村（75.61%）、静慎村（66.67%）、学华村（60.78%）。在完全有效翻译方面，情况有明显变化，学华村官方标牌中完全有效翻译相对最高（39.22%），其次分别为坪头村（24.39%）、静慎村（22.22%）、新明村（17.11%）、大龙村（8.33%）。

私人标牌文本翻译方面，大龙村、新明村采用了完全有效翻译和部分有效翻译两种类型，学华村采用了完全有效翻译、部分有效翻译、无有效翻译（2种语言互为补充）三种类型，而坪头村、静慎村私人标牌则只采用部分有效翻译这一种文本互译类型。

各村官方标牌和私人标牌中部分有效翻译均占主流，但也存在细微差异。各村官方标牌中部分有效翻译占比从高到低依次为：坪头村和静慎村（两村均为100%）、大龙村（96.30%）、学华村（90.38%）、新明村（79.31%）。各村私人标牌中完全有效翻译占比刚好相反，其从高到低依次排序为：新明村（20.69%）、学华村（7.69%）、大龙村（3.70%）、坪头村和静慎村（均为0）。

（五）乡村语言景观不同设置主体标牌比重地理分布差异

从标牌设立主体来看，各村标牌分布存在一定的差异，具体见表4-8。

由表4-8可知，从标牌设立主体来看，尽管官方标牌总体上比私人标牌数量多，但各村之间存在明显差异。5个乡村中，坪头村、大龙村、静慎村、新明村四村的官方标牌数量均高于私人标牌，其中静慎村的官方标牌最多，达到82.54%，私人标牌最少，只有17.46%。但学华村的官方标牌数量明显低于私人标牌，该村私人标牌数量接近官方标牌的2倍。

表4-8 乡村官方标牌与私人标牌地理分布情况

地点	标牌数量/块	类型			
		官方标牌/块	占比/%	私人标牌/块	占比/%
坪头村	474	357	75.32	117	24.68
大龙村	394	261	66.24	133	33.76
静慎村	504	416	82.54	88	17.46
新明村	415	301	72.53	114	27.47
学华村	801	277	34.58	524	65.42
总计	2588	1612	62.29	976	37.71

（六）乡村语言景观中私人标牌行业类型地理分布差异

从语言景观设置主体来看，乡村标牌可分为官方标牌和私人标牌两大类。其中官方标牌共计1612块，私人标牌976块。各村具体分布情况如表4-9。

表4-9 乡村语言景观设置主体地理分布情况

地点	官方标牌		私人标牌		合计/块
	数量/块	占比/%	数量/块	占比/%	
坪头村	357	75.32	117	24.68	474
大龙村	261	66.24	133	33.75	394
静慎村	416	82.54	88	17.46	504
新明村	301	72.53	114	27.47	415
学华村	277	34.58	524	65.42	801

从表4-9可知，除了学华村官方标牌数量低于私人标牌外，其他各村官方标牌数量均高于私人标牌。根据上一章对官方标牌语言景观功能分布的统计可知，乡村官方标牌主要集中于宣传教育方面，其内容包括国家大政方针、社会主义核心价值观、村规民约、家庭美德、社会公德等。因此，本章将集中探讨乡村私人标牌行业分布情况。私人标牌数量虽少，但对其行业分布类型的探讨有助于揭示乡村市场经济的发展现状、乡村的生活条件、村民基本生存需求、村民构成等方面的信息。

从表4-10可知，各村在私人语言景观行业类型分布上存在异同之处。相同之处表现在，各村在行业类型上都包括批发零售、畜牧养殖和农产品种植、社区公共服务这三类行业。但区别也明显，具体表现在以下几个方面。

表4-10　各村语言景观反映的行业类型分布及数量比例

地点	行业类型分布
坪头村	医药（3块，2.56%）、餐饮（9块，7.69%）、批发零售（33块，28.21%）、畜牧养殖和农产品种植（4块，3.42%）、社区公共服务（58块，49.57%）、休闲娱乐（6块，5.13%）、机动车修理与买卖（3块，2.56%）、园林景观设计（1块，0.85%）
大龙村	医药（10块，7.52%）、餐饮（6块，4.51%）、批发零售（21块，15.79%）、畜牧养殖和农产品种植（10块，7.52%）、社区公共服务（82块，61.65%）、机动车修理与买卖（4块，3.01%）
静慎村	餐饮（2块，2.27%）、批发零售（13块，14.77%）、教育（6块，6.82%）、畜牧养殖和农产品种植（17块，19.32%）、社区公共服务（49块，55.68%）、机动车修理与买卖（1块，1.14%）
新明村	批发零售（2块，1.75%）、休闲娱乐（3块，2.63%）、畜牧养殖和农产品种植（79块，69.30%）、社区公共服务（28块，24.56%）、住宿（2块，1.75%）
学华村	餐饮（74块，14.12%）、批发零售（90块，17.18%）、休闲娱乐（89块，16.98%）、住宿（12块，2.29%）、畜牧养殖和农产品种植（23块，4.39%）、文化教育与科技（49块，9.35%）、物流快递（13块，2.48%）、机动车修理与买卖（18块，3.44%）、医药（11块，2.10%）、家政服务（8块，1.53%）、社区公共服务（99块，18.89%）、房屋及生产工具租赁与转让（16块，3.05%）、机动车培训（9块，1.72%）、建筑装潢（11块，2.10%）、房屋销售（2块，0.38%）

第一，各村私人语言景观在行业类型的数量上存在明显区别。5个乡村中，学华村的私人语言景观行业类型分布最多（15个），其他各村行业类型均低于10个，从高到低依次排序为坪头村（8个）、大龙村和静慎村（均为6个）、新明村（5个）。

第二，各村私人语言景观行业类型分布不相同。以行业类型最多的学华村为例，该村行业类型从高到低依次排序为：社区公共服务（99块，18.89%）、批发零售（90块，17.18%）、休闲娱乐（89块，16.98%）、餐饮（74块，14.12%）、文化教育与科技（49块，9.35%）、畜牧养殖和农产品种植（23块，4.39%）、机动车修理与买卖（18块，3.44%）、房屋及生产工具租赁与转让（16块，3.05%）、物流快递（13块，2.48%）、住宿（12块，2.29%）、医药（11块，2.10%）、建筑装潢（11块，2.10%）、机动车培训（9块，1.72%）、家政服务（8块，1.53%）、房屋销售（2块，0.38%）。从该村私人语言景观行业分布的比例不难发现，学华村行业类型分布比较广，其中社区公共服务、批发零售、休闲娱乐、餐饮四类行业数量最多，四者累计占该村行业类型分布的67.17%。本书调查的5个乡村中，私人语言景观行业类型分布最少的新明村只有5个行业，按照百分比从高到低依次排序为：畜牧养殖和农产品种植（79块，69.30%）、社区公共服务（28块，24.56%）、休闲娱乐（3块，2.63%）、批发零售（2块，1.75%）、住宿（2块，1.75%）。不难发现，新明村行业分布不太均衡，其中畜牧养殖和农产品种植、社区公共服务两个行业占该村私人标牌的93.86%，其他各行业分布数量比较少。

坪头村行业类型分布相对较高的三个行业分别为：社区公共服务（58块，49.57%）、批发零售（33块，28.21%）、餐饮（9块，7.69%），累计占比85.47%。

大龙村行业类型分布相对较高的三个行业分别为：社区公共服务（82块，61.65%）、批发零售（21块，15.79%）、医药、畜牧养殖和农产品种植（两类行业语言标牌数量均为10块，各占7.52%），累计占比92.48%。

静慎村行业类型分布相对较高的三个行业分别为：社区公共服务（49块，55.68%）、畜牧养殖和农产品种植（17块，19.32%）、批发零售（13块，14.77%），累计占比89.77%。

与学华村、新明村相比，坪头村、大龙村、静慎村这三个乡村的社区公共服务占比相对较高，分别达到了49.57%、61.65%、55.68%，其他行业类型占比相对较低，因此，其行业类型分布也不均衡。总体而言，5个乡村中，行业类型分布相对均衡的是学华村，该村行业类型多，所涉领域广，各个行业的语言标牌相差不大。

以上对长沙市周边乡村私人语言景观所反映的行业类型及其数量比例统

计发现，各村在行业类型上存在一定的差异之处。尽管如此，各村在行业类型上都包括批发零售、畜牧养殖和农产品种植、社区公共服务这三类行业，加上各村根据实际情况覆盖的一些行业，基本能满足村民日常生活之所需。

第三，各村语言景观行业差异反映了村民构成的差异。学华村地理位置在本次调查的5个乡村中最优越，从区位上划分，该村属于近郊村，村委会所在的安置小区内商业发达，个体经营者较多，店铺林立，人员流动频繁。郊野公园内有葡萄园采摘基地、农趣谷生态庄园等，节假日吸引游客前来参观。学华村优越的地理位置，促进了该村个体经济的发展，因此，私人招牌数量达524块，超过了其他4个乡村私人标牌的总和。在标牌语种分布上，该村除了汉语、英语，还有维吾尔语，这是本次调查的5个乡村中，唯一一个使用了外族语种的乡村。因此，该村语言景观所反映的行业类型分布多，覆盖面广，商业气氛比较浓厚，不仅拥有其他4个乡村均覆盖的行业，还发展了机动车培训、建筑装潢、家政服务、房屋销售、物流快递、文化教育与科技、房屋及生产工具租赁与转让等7个行业类别。学华村行业类型的多元化特征很明显，说明该村人口结构中从事个体经营的群体占比较大，务农人口数量相对较少。

与学华村相比，其他各村距离长沙市区均有数十千米，地理位置相对比较偏僻，因此，各村语言景观反映的行业类型明显偏少，且行业分布不均匀，商业气氛相对不浓，说明这些乡村人口结构中从事个体经营的群体不多，务农人口数量相对比较高，或者外出务工人员较多。

二、乡村语言景观地理分布差异的成因

以上我们从语言景观数量、语言组合模式、双语现象分布、文本互译、不同设置主体标牌比重、行业类型分布等方面对长沙市周边不同乡村的语言景观样本进行了对比分析。研究发现，乡村标牌在以上各方面存在一定的差异，本节将从乡村区位条件、乡村产业格局发展定位、国家和地方乡村政策的促进三个方面对差异的成因进行分析：

（一）乡村区位条件

"区位"源于德语"standort"一词，英文中被翻译为"location"。近年来，学界对其内涵有较多的探讨，代表性观点如："区位既有场所的含义，又不同于通常所说的场所，是某事物占据的场所和空间。"[①] 区位理论先后经历了古典区位理论、近代区位理论、现代区位理论三个阶段，已经成为区域经济理论的重要理论基础，主要应用于经济活动的区位选择、区域经济活动的空间组织、产业布局的优化、城镇体系的合理规划等方面。[②]

长沙市周边乡村语言景观差异与不同乡村的区位条件存在密切联系。本次调查的5个乡村，学华村的区位条件相比最为优越。学华村位于岳麓区学士街道的北部，该村交通便利，紧邻长潭西高速长沙入口处，距长沙市市中心只有15分钟车程，紧挨着长沙市政府重点打造的洋湖片区和大王山片区。该村附近有多所大中小学、知名连锁超市、电影院、国家湿地公园等，配套设施比较齐全。近年来，学华村在坚持以农旅品牌促进产业融合发展的同时，紧跟时代潮流，积极探索互联网＋电商的新路径，极大发展了农村集体经济。比如在产旅融合方面，学华村打造了"农旅产业项目＋企业＋合作社＋物业经济"的经营新模式，成立了多家公司，并重点打造了乡村旅游项目——农趣谷，创新农业经营体系，招商引资了多个产业项目。该村还积极建设了民俗文化广场、葡萄文化长廊，为农户搭建"网络＋公益＋助农"的益农平台，促进农户增产增收。经过多年的努力，学华村由曾经的"上访村"一跃成为"全国文明村""集体经济强村"。据报道，2021年，学华村"集体收入达500多万元，带动农民收入达3000多万"。[③] 学华村优越的区位条件，给该村语言景观带来了明显影响，

---

① 徐阳，苏兵. 区位理论的发展沿袭与应用 [J]. 商业时代，2012（33）：138-139.

② 同①.

③ 张帅，余树林. 岳麓区学士街道学华村，正向循环发展，实现绿色崛起 [EB/OL].（2022-06-13）[2023-06-15].http://www.yuelu.gov.cn/yl_xxgk/xxgkml/qtzfxx/dtyw/202206/t20220613_10621991.html.

如该村私人标牌数量接近官方标牌的2倍，且标牌行业类型分布广泛，涉及15个行业类型，远高于其他各村。且该村双语标牌比例相对比较高，双语标牌中不仅有英文，还出现了维吾尔文，标牌语言组合模式比其他各村略高，且文本互译类型相对多元。

与学华村的区位条件相比，另外4个乡村的区位优势略逊一筹。如本次调查的静慎村和大龙村相毗邻，两村都处于长沙市望城区茶亭镇最北端，地理位置比较偏僻，交通相对不太便利，人口流动不频繁，招商引资数量有限。两村的区位条件客观上导致了其双语标牌数量的走低。以静慎村为例，由于其毗邻东城镇镇中心，这为村民日常购物提供了方便，因此村内私人店铺不多，私人标牌数量少。88块私人标牌中，除了34块住宅门牌外，其余商铺招牌、服务机构门牌、海报宣传牌、民间信息与指示牌累计只有54块，其中汉语单语标牌49块，汉英双语标牌5块。相比而言，本次调查的坪头村虽距离长沙30千米，但其交通比较便利，位于永安镇中心地带，附近旅游景点密集、产业基地蓬勃发展。相对优越的地理位置、便利的交通为该村发展提供了便利，客观上提高了其双语标牌的数量。

由此我们发现，不同乡村在标牌数量分布、语言组合模式、双语标牌数量、官方标牌与私人标牌的分布、行业类型等方面的差异，与乡村区位条件存在明显关系。一般而言，区位条件相对优越、经济发展程度较高的乡村，其标牌语言景观相对比较丰富，标牌数量更多，标牌语种相对多元，行业类型分布相对较多。如本书取样的5个乡村中，学华村在语言景观整体表现上明显更加丰富，这与该村的区位优势存在密切关系。

（二）乡村产业格局发展定位

2018年，《中共中央国务院关于实施乡村振兴战略的意见》（以下简称《意见》）明确指出，要把"三农"问题作为全党工作的重中之重，按照"产业兴旺、生态宜居、乡风文明、治理有效、生活富裕"20字方针的总要求，优先发展农业，逐步缩小城乡差距，分阶段实现农业农村的现代化和乡村全面振兴。20字总方针中，"产业兴旺"位居首位，它包括第一、二、三产业的融合发展。《意见》强调，要"大力开发农业的多种功能，延长产业链、提升价值链、完善利益链，通过保底分红、股份合作、利润返还等多种形式，让农民合理分享全产业链增值收益。……打造农产品销售公共服务平台……深入实施电子商务进农村综合示范，加快推进农村流通现代化。实施休闲农业和乡村旅游精品工程。建设一批设施完备、功能多样的休闲观光园区、森林人家、康养基地、乡村民宿、特色小镇"。[①] 乡村产业兴旺对缩小城乡差距、促进农村剩余劳动力就业、开发农业的多种功能、实现农业农村繁荣具有重要意义。

对长沙市周边乡村语言标牌调查发现，不同乡村产业格局发展定位存在一定差异。以学华村为例，由于其独特的区位优势，学华村在产业格局上大力发展葡萄种植、蔬菜种植、家禽养殖等行业。比如在葡萄种植方面，据岳麓区人民政府网站显示，该村在葡萄党小组的领导下，开辟了100余公顷葡萄种植基地，葡萄种植户100余户，种植的葡萄覆盖了夏黑、巨峰、醉金香、美人指、紫玉等30多个品种，2022年基地的葡萄总产量达1200多吨，年产值2000万元左右。[②] 每年夏秋之际，葡萄种植户便将一部分葡萄酿造成葡萄酒对外销售。为了促进葡萄销售和交流，该村还成立了葡萄党小组和葡萄协会，通过"电商＋直播"等方式促进葡萄销售。在发展种植业的同时，学华村也大力促进非农产业发展。比如，该村成立了多家公司、打造了农趣谷郊野公园，将餐饮、民宿、休闲娱乐等项目引进公园内，创建乡村游的平台。在学华村安置小区内，大力发展服务业，因此小区内店铺林立，经营主体多，经营范围广。受产业布局的

---

① 新华社.中共中央　国务院关于实施乡村振兴战略的意见 [EB/OL].（2022-08-29）[2023-06-15].http://www.gov.cn/xinwen/2018/02/04/content_5263807.htm.

② 李芳，张帅.长沙市岳麓区学士街道学华村："离尘不离城"的都市田园新生活 [EB/OL].（2022-08-29）[2023-06-15].http://www.yuelu.gov.cn/yl_xxgk/zwdt/gzdt/202208/t20220829_10773559.html.

影响，学华村覆盖了社区公共服务、批发零售、休闲娱乐、餐饮、文化教育与科技、畜牧养殖和农产品种植、机动车修理与买卖、房屋及生产工具租赁与转让、物流快递、住宿、医药、建筑装潢、机动车培训、家政服务、房屋销售等15个行业类型，远高于其他各村。按照第一、二、三产业的划分标准，学华村有属于第一产业的畜牧养殖和农产品种植，也有属于第二产业的建筑装潢和农副食品加工业，而其第三产业覆盖面最广，包括社区公共服务、批发零售、休闲娱乐、餐饮、文化教育与科技、机动车修理与买卖、房屋及生产工具租赁与转让、物流快递、住宿、医药、机动车培训、家政服务、房屋销售等十余个类别。

坪头村隶属于浏阳市永安镇。该村在产业发展布局上也比较重视畜牧养殖和农产品种植及加工，此外，该村在第三产业布局上颇有特色。近年来，浏阳全境在积极打造全域旅游，并取得了较好的成绩。据第四届《全国县域旅游研究报告2022》暨"2022年全国县域旅游综合实力百强县"发布会可知，浏阳在全国县域旅游综合实力百强县中排名第六。[①] 在浏阳全域旅游的背景下，坪头村比较注重依托美丽屋场发展乡村旅游。2015年，坪头村的华山屋场启动了道路整改项目，修建了旅游道，连接屋场内各个农家院落和休闲景点。2017年，永安镇斥资1800多万元改造了永丰公路，打造了一条示范景观大道，并将坪头村的华山屋场、丰术屋场、湾里屋场与袁隆平水稻示范基地、百亩荷塘、黄花雅苑、捞刀河风光带等美丽乡村旅游精品路线串联起来。[②]

因此，受乡村发展产业布局的影响，坪头村各个美丽屋场比较重视官方标牌的建设工作，通过标牌材质的多元化、标牌语言文字求新求异等方面的变化，突显自我，追求标牌信息功能和象征功能的最大化。

---

① 浏阳市文化旅游广电体育局.高位进位！浏阳位列县域旅游"全国百强"第6[EB/OL].（2022-08-29）[2023-06-15].http://www.liuyang.gov.cn/lyszf/zfgzdt/bmyqdt/202206/t20220610_10617633.html.

② 华声在线.浏阳永安：振兴乡村，绘就富美新画卷[EB/OL].（2018-02-09）[2023-06-15]. https://baijiahao.baidu.com/s?id=1591884093285002920&wfr=spider&for=pc.

静慎村位于望城区茶亭镇最北端。与其他乡村相比，静慎村的产业格局也有特色，比如该村红薯、水稻、苗木、生态椒、油茶等农作物的种植与加工比较突出，这在标牌上都有明显体现。此外，静慎村在文化产业建设上比较突出，先后建设了油布冲乡贤文化公园、慎家桥美丽屋场和群众文化活动中心、集镇群众文化广场、公共服务中心文化广场、文星农业公园等群众文体活动阵地。[①]此外，村内还修建了雷锋驿站，传承红色基因。静慎村文化产业建设在语言标牌上有突出体现，该村官方标牌数量和百分比最高，标牌总数位列第二（仅次于学华村），而且标牌文化教育内涵丰富，涉及红色文化、乡土文化、民俗文化等内容；此外，标牌分布的范围也比较广，不仅文化广场上分布了众多文化教育类的标牌，乡村马路两旁的电线杆上也悬挂着乡贤人物介绍牌、湖边的桥墩上记载着孝文化故事、村民自住房的围墙上张贴着主流价值观宣传标语。

大龙村地处望城区茶亭镇最北端。在产业布局上，大龙村同样也重视畜牧养殖和农产品种植，特别是注重发挥鱼塘的作用，引进了十余家重点农业企业，进行虾稻共养、鸭稻共生和特种水产养殖。[②]因此该村水塘边有比较多的水体建设规划和湖塘管理方面的标牌。大龙村与静慎村相毗邻，两村地理位置相对都比较偏僻，不过大龙村在第三产业上发展得相对比较充分。村委会附近有一条商业街，街铺上的个体经营者比较多，经营范围包括餐饮、商店、金融、医药、快递、建材等。大龙村产业布局上的特点，在其私人标牌的分布上有明显体现，如该村私人标牌数量较多，在本次调查的5个乡村中，其私人标牌位列第三，占该村所有标牌的33.76%。

新明村隶属于长沙县，位于果园镇、路口镇、春华镇三镇交会处，距离长沙市主城区大约有25千米的车程。近年来，在相关部门的支持下，新明村正在积极创建有机农业文创园，以"打造有机文创第一村，示范带动全县村集体

---

① 朱华.静慎之变：来自望城区茶亭镇静慎村的调查报告[EB/OL].（2020-11-09）[2023-06-15]. https://www.icswb.com/h/100040/20201109/683944.html.

② 佚名.茶亭镇大龙村：以党心为民心，浇筑"新时代"美丽乡村[J].轻风,2018（4）.

经济健康有序发展"为总体目标，打造集有机农业、文创农业、智慧农业示范展示、休闲旅游、科普培训等功能于一体的高标准有机农业文创园，为长沙县振兴乡村集体经济提供样本。① 为此，该村打造了长沙有机谷农业项目，该项目占地140余亩，注入资金3000余万元，建有三馆（有机博物馆、有机生活馆、有机农产品展示馆）、七区（有机水果、花卉、有机养殖、有机种植、有机稻作、有机农产品加工、生态涵养）、两中心（有机农业大数据中心、产品分拣中心）。目前有机谷已经引进了7家企业入驻。②

新明村在产业发展上的布局对该村语言标牌有明显影响。调查中我们发现，新明村双语标牌数量比其他各村都高，415块语言标牌中，汉英双语标牌数量为76块，占该村标牌总数的18.31%。比如仅在有机谷开心农场内就有47块汉英双语标牌，英文均为"长沙有机谷"项目商标的翻译"CHANGSHA ORGANIC VILLAGE"。不仅如此，新明村语言标牌行业类型分布显示，该村行业类型涉及5个行业，其中畜牧养殖和农产品种植标牌数量最多，累计79块，占该村标牌总数的69.3%，远高于其他各个乡村。这其中相当大一部分的标牌都是有关农业企业及其产品的相关标牌。

以上我们对各村产业布局做了简单梳理，不难发现，各村产业发展定位不同，对其语言标牌带来了各方面的影响，形成了一定的差异。

（三）国家和地方乡村政策的促进

2005年10月，十六届五中全会提出了建设社会主义新农村这一重大历史任务，提出了"生产发展、生活宽裕、乡风文明、村容整洁、管理民主"20字总方针。这20字总方针内容丰富，涉及政治、经济、文化、社会管理等方面的内容。如生产发展是新农村的物质基础，生活宽裕是新农村建设的核心目标，乡

---

① 李治.长沙县果园镇新明村：有机农业引领乡村振兴 [N].湖南日报，2019-04-26.
② 徐德平.省委台办交流合作中心、长沙市委台办调研长沙有机谷农业项目 [EB/OL].（2022-03-01）[2023-06-15]. http://hnstb.gov.cn/xtjm/6640.html.

风文明有助于提高农民整体素质，村容整洁立足于改善农村生存状态，管理民主有助于健全村民自治制度。①2007年10月，党的十七大报告指出："解决好农业、农村、农民问题，事关全面建设小康社会大局，必须始终作为全党工作的重中之重。"②

为尽快实现新农村建设目标，2008年，浙江省安吉县首次提出了"中国美丽乡村"计划，成为全国美丽乡村建设的发源地，出台了《安吉县建设"中国美丽乡村"行动纲要》，经过十余年的努力，安吉县已成功实现了美丽乡村建设全覆盖的目标，在全国范围内具有较好的示范性。③2012年11月，党的十八大报告提出："坚持把国家基础设施建设和社会事业发展重点放在农村，深入推进新农村建设和扶贫开发，全面改善农村生产生活条件。"④

2013年1月，《中共中央国务院关于加快发展现代农业　进一步增强农村发展活力的若干意见》发布，文件明确提出："加强农村生态建设、环境保护和综合整治，努力建设美丽乡村。"⑤2017年10月，党的十九大报告提出实施乡村振兴战略，"要坚持农业农村优先发展，按照产业兴旺、生态宜居、乡风文明、治理有效、生活富裕的总要求，建立健全城乡融合发展体制机制和政策体系，

---

① 半月谈 . 解读社会主义新农村建设"二十字"蓝图 [EB/OL].（2006-01-11）[2023-06-15]. http://www.gov.cn/zwhd/2006-01/11/content_154601.htm.

② 胡锦涛在党的十七大上的报告（全文）[EB/OL].（2007-10-25）[2023-06-15]. https://www.chinadaily.com.cn/hqzg/2007-10/25/content_6205616_5.htm.

③《安吉县建设"中国美丽乡村"行动纲要》引领发展 [EB/OL].（2021-06-02）[2023-06-15]. https://zjnews.zjol.com.cn/ztjj/gjdar2021/bnbd/202105/t20210531_22608897.shtml.

④ 人民网 . 胡锦涛在中国共产党第十八次全国代表大会上的报告 [EB/OL].（2012-11-18）[2023-06-15]. http://cpc.people.com.cn/n/2012/1118/c64094-19612151.html.

⑤ 中共中央　国务院关于加快发展现代农业进一步增强农村发展活力的若干意见 [EB/OL].（2012-12-31）[2023-06-15]. http://www.gov.cn/gongbao/content/2013/content_2332767.htm.

加快推进农业农村现代化"。[①]2018年1月，中央一号文件发布了《中共中央国务院关于实施乡村振兴战略的意见》，提出新时代实施乡村振兴战略的重大意义、指导思想、目标任务、基本原则等，并从农业发展质量、生态环境、乡风文明等10个方面对乡村振兴战略做了全面部署。

不难发现，从十六届五中全会提出建设社会主义新农村到党的十九大报告提出的乡村振兴战略，党中央对"三农"工作投入了极大的关注，农业兴、农村美、农民富成为新时期历届党和国家领导人工作的重中之重。

在国家乡村政策的促进和美丽乡村建设实践的推动下，湖南省加快推进了美丽乡村建设部署。2016年，长沙市委、市政府出台了《关于落实发展新理念 全面推进美丽乡村建设加快实现农村基本现代化的意见》（长发〔2016〕1号），计划用三年时间建设100个示范村和100个特色村，实现美丽乡村覆盖率达80%的目标，打造出布局美、产业美、环境美、生活美、风尚美的"五美"乡村。[②]2017年，《湖南省美丽乡村建设村级评价指标体系（试行）》和《湖南省乡（镇、街道）整域美丽乡村建设主要评价指标（试行）》等文件发布。其中《湖南省美丽乡村建设村级评价指标体系（试行）》（2017）从规划引领布局美、融合发展产业美、村容整洁环境美、宜居宜游生活美、健康文明风尚美等方面对美丽乡村评价指标作了明确规定。而《湖南省美丽乡村建设村级评价指标体系（试行）》（2017）则从科学规划、基础设施、公共服务、产业发展、环境整治、乡村治理、工作措施等方面对美丽乡村建设主要内容及目标值、各级指导支持责任部门等作了明确规定。此外，湖南省市场监督管理局标准化处于2021年公开发布了《湖南省美丽乡村建设指南》和《湖南省美丽乡村评价规范》征求意见稿，面向社会广泛征求意见。其中《湖南省美丽乡村建设指南》从乡

[①] 人民网. 习近平在中国共产党第十九次全国代表大会上的报告【7】[EB/OL]. （2017-10-28）[2023-06-15]. http://cpc.people.com.cn/n1/2017/1028/c64094-29613660-7.html.

[②] 湖南省人民政府门户网. 长沙市全域建设美丽乡村 [EB/OL]. （2016-04-02）[2023-06-15]. http://www.hunan.gov.cn/hnyw/szdt/201604/t20160402_4803524.html.

村规划、产业兴旺、生态宜居、乡风文明、治理有效、生活富裕等6个方面对湖南省美丽乡村建设作了明确规定。而《湖南省美丽乡村评价规范》则从评价原则、评价内容、评价程序、计算方法4个方面规定了湖南省美丽乡村评价规范。2021年，长沙市人民政府办公厅发布了《长沙市全域推进美丽宜居村庄建设实施办法》（长政办发〔2021〕23号），文件提出计划用5年时间建设4000个"美丽宜居村庄"，并在生态美、村庄美、产业美、生活美、风尚美等方面作了具体规定。

在中央和湖南省、长沙市美丽乡村建设相关文件的指引下，全省很多乡村积极投身到美丽乡村建设行动中。本书调查的5个乡村均属于美丽乡村建设主体，各村在布局、产业、环境、生活、风尚等方面作了积极探索，先后荣获了多项国家级、省市级荣誉称号。如坪头村荣获了第六届全国文明村镇、湖南省乡村振兴示范创建村、湖南省美丽乡村建设示范村、第一批全国"一村一品"示范村镇（永安超米）等荣誉称号；大龙村荣获了第五届全国文明村镇、湖南省美丽乡村建设示范村、湖南省宜居宜业人居环境示范村、湖南省乡村振兴示范创建村等荣誉称号；静慎村荣获了第六届全国文明村镇、第一批国家森林乡村、全国乡村治理示范村、湖南省美丽乡村建设示范村、湖南省乡村振兴示范创建村等荣誉称号；新明村荣获了第六届全国文明村镇、湖南省乡村振兴示范创建村、湖南省两型示范村、湖南省美丽乡村建设示范村等荣誉称号；学华村荣获了第五届全国文明村镇、湖南省美丽乡村建设示范村、湖南省两型示范村、新时代文明实践站等荣誉称号。

因此，各村语言景观面貌实际上在国家和地方乡村政策的促进作用下建设而成的，特别是在官方标牌方面有明显的体现。调查中发现，各村官方标牌在数量、材质、置放、字刻等方面明显优于私人标牌，且在标牌功能上各村官方标牌都比较注重宣传功能，宣传的内容涉及国家大政方针、社会主义核心价值观、村规民约、家庭美德、社会公德等。各村在官方标牌上存在的一致性，实际上是国家和地方在乡村文化建设上相关规定的反映。对近年来国家和地方

"三农"政策进行分析不难发现,乡风文明建设的重要性日渐突显,各地在关注乡村物质文明建设的同时,乡村精神文明建设也被提上议事日程,这是满足农村文化需求的重要内容。作为乡村公共文化服务建设的重要组成部分,乡村标牌是乡风文明建设的重要平台,它不仅能美化乡村形象,更能通过标牌上语言文字的润物细无声作用逐步提升村民的精神风貌,提高乡村的社会文明程度。

需要说明的是,各村在创建美丽乡村进程中,并不是"千村一面",而是遵循了"因地制宜,各美其美"的原则,在结合乡村实际条件的基础上,尽可能突出本村建设的特色和品位。本章我们在对长沙市乡村语言景观对比中发现,不同乡村在语言景观数量、官方标牌与私人标牌分布、双语标牌数量及语言组合模式、文本互译的类型、私人标牌语言景观的行业类型等方面存在一定的地理差异。实际上,各村在语言景观上存在的差异反映了各地在美丽乡村建设上的特色。受地方政策和乡村所处自然环境、产业结构、经济发展阶段等因素影响,不同乡村语言标牌在受众定位、传递目的和功能上都会存在一定的差异,这客观上形成了差异化的语言景观布局。

三、本章小结

本章重点探讨了长沙市乡村语言景观地理分布的差异及其成因,研究发现长沙市乡村语言景观的差异体现在以下六个方面:

第一,在语言景观数量上,学华村的语言景观数量最多,累计801块,大龙村的标牌数量最少,只有394块,其余乡村标牌数量在450块左右。

第二,在语言组合模式上,所有乡村标牌语言均有汉语单语模式和"汉语＋英语"组合模式,但相比而言,学华村还有2块私人标牌上存在"汉语＋维吾尔语"的组合模式。所有乡村均没有外语单语标牌和多语标牌。汉语单语标牌中,静慎村和大龙村的单语标牌比例最高,分别达到97.22%、90.10%。其余3个乡村单语标牌比例均在80%至90%区间内,其中新明村的单语标牌相对最少，占81.69%。

第三，在双语现象分布方面，新明村双语标牌数量最多，占18.31%。其次是学华村，双语标牌占比12.86%。坪头村、大龙村双语标牌数量比较接近，分别占比10.97%、9.9%。静慎村双语标牌数量最少，只有2.78%。

第四，在文本互译类型上，各村双语标牌总体上以部分有效翻译为主，完全有效翻译为辅，少数村庄还有少量无有效翻译（2种语言互为补充）情况。差异主要体现在：静慎村、新明村、学华村各村有3种互译类型，分别为完全有效翻译、部分有效翻译、无有效翻译（2种语言互为补充），而坪头村、大龙村只有完全有效翻译和部分有效翻译两种类型，没有无有效翻译类型。

第五，在不同设置主体标牌比重上，坪头村、大龙村、静慎村、新明村四村的官方标牌数量均高于私人标牌，其中静慎村的官方标牌最多，达到82.54%，私人标牌最少，只有17.46%。但学华村私人标牌数量接近官方标牌的2倍。

第六，在私人标牌行业类型分布上，差别体现在三个方面：首先，行业类型的数量上存在差异，学华村的私人语言景观行业类型分布最多（15个），其余乡村依次为坪头村（8个）、大龙村和静慎村（均为6个）、新明村（5个）。其次，各村私人语言景观行业类型分布不相同，行业类型分布相对均衡的是学华村，该村行业类型多，所涉领域广，各个行业的语言标牌相差不大。而其他各村在行业分布比例上存在比较明显的高低差别。最后，各村语言景观行业差异反映了村民构成的差异，由于先天的区位优势，学华村人口结构中从事个体经营的群体占比较大，务农人口数量相对较少，客观上提高了其私人标牌语言景观的行业类型数量。

长沙市乡村语言景观的差异受以下因素影响：

第一，乡村的区位条件。一般而言，区位条件相对优越、经济发展程度较高的乡村，其标牌语言景观相对会比较丰富，标牌数量更多，标牌语种相对多元，行业类型分布相对较多。如本书调查的5个乡村中，学华村的区位条件最为优越，因此其在标牌数量、语言组合模式、双语标牌分布、私人标牌行业类型等方面明显比其他各村多元。

第二，乡村的产业格局发展定位。如学华村在大力发展葡萄种植、蔬菜种植、家禽养殖等行业的同时，大力促进非农产业发展，村内第一、二、三产业发展比较充分，产业格局多元，因此该村私人标牌数量多、行业类型分布比较广。坪头村在产业发展布局上也比较重视畜牧养殖和农产品种植及加工，此外，该村还借助于浏阳全域旅游发展战略，在各个美丽屋场重点打造乡村旅游，这在官方标牌的设计上有明显体现。静慎村相对比较偏僻，该村在大力发展农作物种植和加工的同时，在文化产业建设上比较突出，注重乡贤文化和红色文化教育，因此其官方标牌数量和百分比在各村中最高。大龙村毗邻静慎村，在产业布局上除了畜牧养殖和农产品种植以外，该村还比较重视第三产业发展，村委会附近的商业街上个体经营者比较多，经营范围广，这在其私人标牌的分布上有明显体现。新明村依托有机农业文创园，重点打造长沙有机谷农业项目，因此该村畜牧养殖和农产品种植标牌数量最多，双语标牌分布的比例最高。

第三，国家和地方乡村政策的促进。自十六届五中全会提出社会主义新农村建设以来，国家和地方对乡村建设投入了较多的关注，特别是美丽乡村建设实践的推广，以及湖南省和长沙市美丽乡村评价标准的发布，客观上推动了各村公共文化服务的建设。作为乡村公共文化服务的重要平台，标牌语言景观应运而生，特别是在标牌设立主体方面，形成了官方标牌与私人标牌在数量、功能上的明显差异。同时，鉴于各地乡村政策以及各村所处自然环境、产业结构、经济发展阶段等因素影响，不同乡村语言标牌在受众定位、传递目的和功能上都会存在一定的差异，这客观上形成了差异化的语言景观布局。

第五章　城乡语言景观的对比研究

本书前面相关章节以长沙周边乡村为例，通过田野调查的方式搜集并整理了2588块乡村语言标牌，分析了乡村语言景观的总体概况及不同乡村语言景观的异同之处。为更好地了解乡村语言景观的特点与规律，本章我们将进行城乡语言景观的对比研究，即在对长沙市主城区语言景观调查分析的基础上，比较长沙市主城区语言景观与周边乡村语言景观的异同，为乡村语言景观规范提供相关数据与理论参考。

一、长沙市主城区语言景观概况

（一）调查区域相关概况

根据长沙市自然资源和规划局2021年12月27日发布的《长沙市国土空间总体规划（2021—2035年）》显示，长沙市未来将建设成"一轴一带四走廊、一核两副十组团、一脉两屏六绿楔"的空间格局。[①] 其中"一核"即主城核心区，一般认为包括天心区、芙蓉区、岳麓区、雨花区、开福区5个区域。

1. 天心区

天心区位于长沙市城南。总面积有141平方千米，辖14个街道，共88个社区、12个行政村，行政区划东起韶山路、黄兴路、芙蓉中路，南至暮云，西临

---

① 长沙市自然资源和规划局长沙规划展示馆一座生态绿色的城市 |《总规》系列解读 [EB/OL].（2022-02-27）[2023-06-15]. http://zygh.changsha.gov.cn/ghzsg/zgdt/jchd/202202/t20220227_10482893.html.

湘江，北抵五一路。据第7次人口普查数据显示，天心区有83.62万人口。

天心区的前身是长沙市南区，是长沙的重要发源地，有3000年的历史。早在秦朝时期，秦始皇设置长沙郡，南区就位于长沙郡的临湘县。汉朝时期，吴芮建立了长沙国，都城设在临湘。隋文帝时期，临湘县更名为长沙县。辛亥革命后，南区成为长沙县城南镇。民国时期，南区经历了城南区、天心镇、城南镇等演变，抗战胜利后，南区恢复建置。1996年，长沙市行政区划调整后，南区更名为天心区，得名于名胜古迹"天心阁"。

当前，天心区立足于生态新城的规划理念和长株潭"两型社会"的独特区位优势，形成了集商贸、物流、文化娱乐、高新技术、总部经济为一体的产业体系，地区生产总值和财政收入明显提高。在文化旅游方面，除了湖南第一师范旧址、天心阁、长沙简牍博物馆、贾谊故居等传统景点外，天心区黄兴南路步行街、解放西路太平街、坡子街等成为全国各地游客来长沙的网红打卡点。近年来，天心区先后荣获县市夜经济繁荣百佳样本（2022年）、中国高质量发展百强区（2021年）、全国义务教育优质均衡先行创建区（2021年）、赛迪中国百强区（2021年）等头衔。[①]

2. 芙蓉区

芙蓉区位于长沙市中东部。总面积达43平方千米，下辖13个街道，共75个社区、1个社区筹备处和5个行政村。在行政区划上，芙蓉区北边和西边紧邻开福区，南边靠近雨花区，东边毗邻长沙县。据第7次全国人口普查数据显示，芙蓉区有62.2万人口。

芙蓉区的前身是长沙市东区。1933年，长沙设市，次年按东南西北分成了四个区，东区为一区。1945年，长沙增设了8个区，一区改为城东区。1951年，更名为东区，并成立了东区人民政府，下辖8个居委会。此后，东区下辖范围

---

① 长沙市天心区人民政府.历史沿革[EB/OL].（2022-11-07）[2023-06-15]. http://www.tianxin.gov.cn/zjtx23/ytx67/lsyg35/.

先后进行了多次调整。1996年，长沙行政区划调整后，东区更名为芙蓉区，其得名于唐代诗人谭用之的诗句"秋风万里芙蓉国，暮雨千家薜荔村"，以及毛主席诗句"我欲因之梦寥廓，芙蓉国里尽朝晖"。不过两首诗句中的"芙蓉国"泛指湖南省，又因该区地处全省的政治、经济、文化、商业中心，也是人才、物资、资金、信息等密集的区域，故而得名为"芙蓉区"。

芙蓉区拥有独特的区位优势，形成了火车站商圈、五一商圈等知名商业区域。辖区内人才、资金、信息比较密集，商务活动频繁，辐射范围广，影响力大，作用人群多，其社会消费品零售总额多年位居全省县（区）榜首。近年来，随着产业结构调整，芙蓉区第二、三产业发展格局良好，形成了服装、电子、建材、化工、生物基因等支柱产业，其规模工业总产值增速位于全市首位。特别是新兴第三产业发展迅速，成为全市乃至全省重要的商品流通和物流配送中心。在文化旅游方面，芙蓉区内的隆平水稻博物馆、湖南米粉街、长沙国金中心、马王堆汉文化广场等每年吸引大批游客观光。近年来，芙蓉区先后荣获县市夜经济繁荣百佳样本（2022年）、中国高质量发展百强区（2021年）、全国义务教育优质均衡先行创建区（2021年）、赛迪中国百强区（2021年）等头衔。[①]

3. 岳麓区

岳麓区位于长沙市湘江之西滨。总面积达552平方千米，下辖15个街道、2个镇（雨敞坪镇、莲花镇）、2个景区管理处（橘子洲景区、岳麓山风景名胜区麓山景区）、1个高新技术产业开发区（岳麓高新技术产业开发区），157个村、社区，常住人口为84.96万人。

岳麓区的前身是长沙市西区。1934年其开始作为独立的区域性地方行政建置，是长沙市东西南北四区中的重要组成部分。1951年，长沙市城西区人民政府成立，此后该区先后经历了几次辖区范围调整。1996年，长沙市行政区划调整后，西区更名为岳麓区，得名于"中国四大书院"之一的"千年学府"岳麓

---

① 长沙市芙蓉区人民政府. 概况芙蓉 [EB/OL].[2023-06-15]. http://www.furong.gov.cn/about/.

书院。

岳麓区战略优势地位比较明显，借助于湖南省"一带一部"的全新战略定位，坐拥国家级战略平台，岳麓区成为长沙市实现创新发展的"西高地"。经过多年的发展，岳麓区形成了三大优势：其一，文化底蕴深厚。全区累计有33处国家级、省级、市级文物保护单位，如岳麓书院、爱晚亭等成为国内外游客来长沙的必经打卡之处。其二是文化教育资源丰富。全区有16所高等学府和科研院所，汇聚了数十位两院院士，其中岳麓山脚下有中南大学、湖南大学、湖南师范大学等名校，形成了国家级的岳麓山大学科技园，有"湖南硅谷"之称。其三是生态优势明显。全区生态建设取得了明显成效，坐拥岳麓山景区、橘子洲景区、洋湖湿地国家公园、梅溪湖、巴溪洲景区等生态景观，是长沙市自然风貌的典型代表。近年来，岳麓区先后荣获了全国综合实力百强区（2019年）、全国科技创新百强区（2019年）、全国新型城镇化质量百强区（2019年）、全国绿色发展百强区（2019年）、中国双创活力百佳县市（2020年）、中国城区高质量发展水平百强榜（2020年）、中国工业百强区（2020年）等头衔。[①]

4. 雨花区

雨花区位于长沙市东南部。总面积为292.2平方千米，下辖12个街道、1个镇（跳马镇）、1个工业园区（长沙雨花经济开发区）、1个物流产业园区（长沙雨花现代电子商务产业园），常住人口127.3万人。

雨花区原为长沙市郊区。1996年，长沙市行政区划调整，将黎托、洞井、雨花亭三乡和马王堆乡的4个村归入到了新成立的雨花区。雨花区取名来源于该地古代佛教道观"雨花亭"。该区北边毗邻芙蓉区，以浏阳河和人民路为界；南边与株洲石峰区、湘潭昭山相邻，以跳马镇为界；西边以桂花坪街道与洞井街道、先锋街道与同升街道、暮云街道与跳马镇等街界为边界。东边以浏阳河为界，与黄兴镇、㮾梨镇相望。

---

① 长沙市岳麓区人民政府.新区概况 [EB/OL].[2023-06-15]. http://www.yuelu.gov.cn/zjxq/.

得益于优越的营商环境和独特的区位优势，雨花区近年来在地区经济发展上取得了较大的突破，2021年，全区生产总值在中部城区排名第一，在全国百强区（地级城市）中排名第15位，位列中部地区第一名。雨花区工业基础比较扎实，辖区内有多家上市公司，近年来部分国内外知名企业先后落户雨花区。在商贸业方面，辖区内有红星商圈、高桥商圈、东塘商圈等多个商圈，其中红星商圈、高桥商圈分别成为中南地区规模最大的综合性批发市场、农副产品市场。高铁新城、德思勤商务区等为全省服务业发展提供了范本。在文化旅游方面，雨花区内有湖南省森林植物园、石燕湖风景区、浏阳河等生态资源。①

5. 开福区

开福区位于长沙市北部。总面积为188平方千米，下辖16个街道、2区（金霞经济开发区、开福高新区）、1园（马栏山视频文创产业园）、1局（洪山管理局）、1中心（金霞保税物流中心），常住人口为85万人。

开福区的前身为长沙市城北区。1934年，长沙全市分为四个区，城北区属于四区。1938年，四区更名为兴汉镇。此后，其名称和建置先后经历了多次调整。1951年，城北区人民政府成立。1996年，长沙市行政区划调整，城北区更名为开福区，得名于区内的千年古寺"开福寺"。开福区北边与望城区相邻，南边与天心区靠近，西边毗邻岳麓区，东边靠近芙蓉区、长沙县。

开福区底蕴深厚，是湖湘文化和"楚汉名城"的发祥地，也是湘绣的发源地。区内交通便利，是湖南省唯一集公路港、水运港、铁路港于一体的区县，形成了以粮食、医药、能源为代表的百亿级物流产业集群。文化产业方面，开福区在出版、广电、报业等方面形成了支柱性的龙头企业，是三大知名"湘军"的集结地："出版湘军""电视湘军""动漫湘军"。此外，开福区内还有开福寺、湖南省博物馆、长沙市"三馆一厅"、世界之窗、海底世界、烈士公园等知名旅游景点。近年来，开福区先后荣获国家知识产权强县建设试点县（2022年）、

---

① 长沙市雨花区人民政府 . 雨花概况 [EB/OL].[2023-06-15]. http://www.yuhua.gov.cn/mlyh/.

县市夜经济繁荣百佳样本（2022年）、中国高质量发展百强区（2021）等头衔。[①]

（二）研究设计

1. 研究对象

考虑到与乡村语言景观样本规模的一致性，本次调查范围集中在天心区、芙蓉区、岳麓区、雨花区四个主城区。这些主城区也是长沙市的中心城区，在政治、经济、文化、科技、教育、对外交流等方面具有突出代表性，是长沙市乃至湖南省重点打造的区域。因此对主城区语言景观的调查研究，基本能反映长沙市语言景观的总体面貌。

在具体调查区域上，我们在每个主城区选择两条街道。这两条街道要求：第一，在地理位置上比较靠近；第二，都是该区域具有代表性的主要街道；第三，该区域内有一定规模的居民区和社区服务中心。在以上标准的基础上，我们对街道范围内大约1千米长度的城市主干道和所属社区进行语言景观拍摄。各区选择的调查范围具体如下。

天心区：主要调查坡子街街道和城南路街道范围内的语言标牌。其中坡子街街道的调查取样于解放西路东西双向（从黄兴铜像开始到湘江边）1千米范围内的所有标牌，含坡子街街道内太平街社区的标牌。城南路街道的调查取样于城南西路东西双向（从蔡锷中路与城南西路交叉的十字路口至黄兴南路步行街街口）1千米范围内的所有标牌，含该区域内的古道巷社区和吴家坪社区内的标牌。

芙蓉区：主要调查定王台街道和文艺路街道范围内的语言标牌。其中定王台街道的调查取样于五一路东西双向（从新世界百货到芙蓉广场地铁站）1千米范围内的所有标牌，含定王台街道内宝南街社区的标牌。文艺路街道的调查取样于韭菜园路南北双向的标牌，含该区域内的韭菜园社区的标牌。

---

① 长沙市开福区人民政府. 开福概况 [EB/OL]. （2023-04-24）[2023-06-15]. http://www. kaifu.gov.cn/xingfukf/.

岳麓区：主要调查橘子洲街道和岳麓街道范围内的语言标牌。其中橘子洲街道的调查取样于阜埠河路东西双向（天马学生公寓附近）1千米范围内的所有标牌，包括自东向西方向八字墙社区科教新村内的标牌。岳麓街道的调查取样于麓山南路南北双向（中南大学南校区周边）1千米范围内的所有标牌，包括由北往南方向云麓园社区内的标牌。

雨花区：主要调查砂子塘街道和东塘街道范围内的语言标牌。其中砂子塘街道的调查取样于砂子塘路东西双向（砂子塘小学附近）马路两侧的所有标牌，也包括自东向西方向梨子山社区内的标牌。东塘街道的调查取样于劳动西路东西双向（雅礼中学门前）1千米范围内的所有标牌，包括自西向东方向内枫树山小区内的标牌。

2. 研究方法

2022年12月10—16日，我们对上述区域可视范围内的语言标牌进行了穷尽式拍摄，具体包括公安、交通、税务等地方政府职能部门和社区相关工作部门的门牌，店铺标牌、海报、广告牌、路牌、公交站牌、交通指示牌、警示牌、宣传牌、横幅、建筑牌、文化墙、信息公示牌，以及邮局、医院、银行、学校、电信等服务机构的门牌等。

在确定语言景观样本时，与乡村标牌一样，同样也遵循了 Backhaus 的取样标准："每一个语言实体无论其大小，在统计时都应算作一个标牌。"① 同时，还满足以下取样标准：第一，如果一个载体有多个面，那么每个面都算作一个独立样本；第二，街道建筑门牌或居民楼门牌，每条街道或每个社区只取一块计入统计样本；第三，同一调查区域内相同语言文字的标牌重复出现时，只取一个样本；第四，宣传栏、建筑物外墙、电线杆、社区楼道等公共场所随意张贴或涂写的小广告不计入统计样本；第五，只收集固定场所的语言景观，小推

---

① BACKHAUS P. Multilingualism in Tokyo: a look into the linguistic landscape[J]. International Journal of Multilingualism, 2006(1): 52-66.

车、汽车等移动场所的语言景观不计入统计样本；第六，字迹不清晰或没有文字内容的标牌不计入样本。

在以上取样标准的基础上，我们对所有采集的语言标牌进行了分类整理，最终获得有效样本数量如下：天心区862块、芙蓉区463块、岳麓区825块、雨花区792块，累计标牌数量为2942块。然后按语码类型、语码取向、语言景观设立主体等对每块语言标牌进行归类与整理。

（三）调查结果与分析

1. 长沙市标牌中的语码使用情况

据统计，在2942块标牌中，汉语单语标牌2043块，占比69.44%，其余标牌为纯英语、双语或三语标牌。其中汉英双语标牌数量最多，累计839块，占所有标牌的28.52%。各语种标牌的分布情况见表5-1。

表5-1　长沙市语言标牌中的语码使用情况

标牌中的语言分布情况	数量/块	占比/%
汉语（含汉语拼音）	2043	69.44
英语	34	1.16
汉语＋英语	839	28.52
汉语＋日语	7	0.24
汉语＋韩语	2	0.07
汉语＋维吾尔语	1	0.03
汉语＋英语＋西班牙语	1	0.03
汉语＋英语＋泰语	2	0.07
汉语＋英语＋日语	1	0.03
汉语＋英语＋韩语	12	0.41
累计	2942	100

从表5-1可知，长沙市标牌所涉及的语种相对比较广，包括汉语、英语、日语、韩语、西班牙语、泰语、维吾尔语等7种语言，共产生了10种语码组合类型的标牌，分别为：汉语单语标牌、英语单语标牌，以及"汉语＋英语""汉语＋日语""汉语＋韩语""汉语＋维吾尔语"四种类型的双语组合标牌，以及"汉语＋英语＋西班牙语""汉语＋英语＋泰语""汉语＋英语＋日语""汉语＋英语＋韩语"四种类型的三语组合标牌。根据 Backhaus 提出的多语标牌识别标准，以上10种语码组合类型中，除了汉语（含汉语拼音）组合的标牌为单语标牌外，其他所有组合类型下的标牌均为多语标牌。

不过，在各组合类型的标牌中，汉语的出现频率最高，除了1.16%的纯英语标牌外，汉语在所有标牌上的出现比率占98.84%，其中汉语单语标牌达69.44%。其他语种中英语的出现频率最高，纯英语标牌和英语与其他语言组合类的标牌累计占30.22%，其他各语种的出现频率均不足1%。

长沙市标牌中汉语标牌出现频率高，与汉语作为我国国家通用语言存在密切关系。将汉语作为标牌最常用景观用语，符合《中华人民共和国国家通用语言文字法》以及湖南省地方语言文字法律法规的相关规定，同时也符合语言景观受众的阅读习惯。此外，作为常住人口规模超过1000万的大城市，长沙市是湖南省政治、经济、文化、科技、教育的核心城市，是全省开展对外交流活动的重要窗口和平台，其国际化步伐日趋加快。英语作为全球通用语言，自然成为长沙市语言标牌中的首选外语，市内三成以上的语言景观中出现了英语，英语不仅可以与汉语以及其他语言组合成双语或多语标牌，也可以构成英语为单语的标牌。除了英语以外，长沙市语言标牌上还出现了西班牙语、泰语、日语、韩语、维吾尔语等语种，这些语种出现的频率不高，但其作为标牌用语，满足了特定人群的阅读需求。

总之，长沙市标牌中的语码使用情况呈现出语码组合类型丰富，且以汉语为主，英语及其他语种为辅的总体面貌。标牌中语言景观用语包括汉语、英语、日语、韩语、西班牙语、泰语、维吾尔语等7种语言，构成了10种类型的语码组合情况，其中汉语是最常用的景观用语。2942块标牌中，汉语出现的频率最高，有98.84%的标牌中出现了汉语，其中汉语单语标牌达69.44%。除了汉语以外，英语是标牌中出现频率最高的语种，达30.22%，不仅有汉英双语标牌以及汉英与其他语种组合的多语标牌，还有纯英语标牌。其他语种出现的频率均不高。长沙市标牌中各语种的分布情况，一方面与我们国家和地方语言文字方针政策相关，另一方面也与长沙市的城市地位密切相关。

2. 长沙市多语标牌中的语码取向

语码取向指双语或多语标牌上不同语码之间的优先关系，以此考察不同语言之间的社会地位。在与乡村多语标牌语码取向判定标准一致的基础上，我们对长沙市多语标牌上的语码取向进行了统计。调查发现，2942块标牌中，多语标牌共计899块，其中34块标牌为纯英语标牌，849块为双语组合标牌，16块为三语组合标牌。899块多语标牌中，优势语码为汉语的标牌有786块，占比87.43%；优势语码为英语的标牌有111块，占比12.35%；优势语码为日语的标牌有2块，占比0.22%。具体分布情况见表5-2。

表5-2　长沙市多语标牌中的语码取向

多语标牌中的语言组合	数量／块	占比（%）	语码取向		
			汉语	英语	其他语言
英语	34	3.78	—	34	—
汉语＋英语	839	93.33	762	77	—
汉语＋韩语	2	0.22	2	—	—
汉语＋日语	7	0.78	5	—	2
汉语＋维吾尔语	1	0.11	1	—	—
汉语＋英语＋日语	1	0.11	1	—	—
汉语＋英语＋韩语	12	1.33	12	—	—
汉语＋英语＋西班牙语	1	0.11	1	—	—
汉语＋英语＋泰语	2	0.22	2	—	—
合计	899	100	786	111	2

表5-2显示，899块多语标牌中，语码取向为汉语的标牌累计786块，占比87.43%，除了34块纯英语标牌外，汉语在其他所有组合模式的标牌中均有出现。语码取向为外语的标牌累计113块，其中包括34块纯英语标牌，77块"汉语＋英语"组合模式的标牌，2块"汉语＋日语"组合模式的标牌，优势语码分别为英语、日语，没有其他语种为优势语码的情况。统计表明，在长沙市多语标牌中，汉语依然是绝对优势语言，这与我们国家的语言文字政策、标牌受众的语言能力有直接关系。此外，除了汉语以外，长沙市标牌虽然采用了多个语种，但英语依然为绝对优势外语，这与英语作为国际通用语言存在密切关系。

下面我们结合标牌上语码出现的位置分别加以举例说明。

(1)包围式

图5-1与图5-2均为包围式的文字排列形式，标牌中的优势语码均为汉语。其中图5-1是在天心区坡子街街道太平街社区内拍摄的图片，是一家从事甜品经营的店铺门口的标牌。白色背景上面用橙色和蓝色两种颜色分别区分英文和汉字两种文字，其中甜品品牌名称"雙美"位于标牌正中央，字号最大，字体加粗，在整个标牌中最醒目。品牌名称的上方和下方分别用小号蓝色字体的汉字（汉语拼音）对该品牌的经营对象和口碑进行补充说明，标牌的最外围附加了橙色的英文单词"traditional"体现了品牌特色。

图5-2是在岳麓区橘子洲街道阜埠河路天马学生公寓附近拍摄的图片，是一家从事奶粉销售的店铺门口的标牌。蓝色背景下，用白色和红色分别书写汉字和英文，其中奶粉品牌名称"俏皮羊"位于标牌正中央，字号最大，字体加粗，在整个标牌中最醒目。品牌名称"俏皮羊"的下方用两行小号汉字对品牌特色进行了辅助说明，上方用红色"smart nutrition warehouse"翻译了品牌名称下方的"智慧营养仓"。

图5-1 "双美"甜品店标牌

图5-2 "俏皮羊"奶粉标牌

图5-3拍摄于岳麓区岳麓街道麓山南路中南大学南校区附近。该图也是包围式，但与图5-1、图5-2不同的是，图5-3的优势语码虽然也是汉语，但汉字并不位于标牌的正中央。结合图片可知，图5-3是一块有关中国梦主题的宣传牌，标牌正中央写了"CHINA DREAM"两个英文单词，上方写了特大号的艺术字"中国梦"，下方用小号字体写上"我爱中国共产党"。虽然英文版的"CHINA DREAM"位于标牌正中央，被上下两行汉字所包围，但从"梦"字的标牌排版和"中国梦"三个字的字体字号处理不难看出，图5-3的优势语码不是英语，而是汉语。

图5-3 中国梦主题宣传牌

（2）横向排列式

图5-4、图5-5所示标牌均为横向排列式，其中图5-4的语码取向为汉语，图5-5的语码取向为英语，两图的优势语码均通过语码出现的位置、字体醒目、字号加大体现出来。图5-4拍摄于岳麓区岳麓街道麓山南路中南大学南校区附近，是一家从事糕点制作的店铺门口的标牌，标牌上有汉字和英文两种文字，

其中标牌上方有一行特大号汉字"虎头局渣打饼行"作为该店铺的店名，下方用英文"TIGER ATTITUDE CHARTERED PASTRY BANK"对店铺中文名称进行了翻译，其字号明显小于中文名称。同时，为了强调，店家还在标牌的左右两侧分别用小号汉字"新鲜糕点""用心制作"对店铺的经营范围、特色作了补充说明。图5-5也拍摄于岳麓区岳麓街道麓山南路中南大学南校区附近，是一家理发店的标牌，标牌上方用大号英语"ME hair"作为店名，店名右下侧对店铺经营对象和经营范围进行了补充说明。

图5-4　"虎头局渣打饼行"标牌

图5-5　"ME hair"理发店标牌

图5-6拍摄于岳麓区橘子洲街道阜埠河路天马学生公寓附近，是一家连锁药店的标牌。该图也属于横向排列式，但与图5-4、图5-5不同之处在于，该图汉英两种语码并排出现，而不是上下分布。从标牌外观上看，绿色的背景下，从左往右分别书写了标牌的专名和通名，其中汉语专名"养天和"的字体区别于通名"大药房"，后方英文翻译中专名与通名在字体上没有差异，但视觉上不难看出英文字号略小于左侧的汉字字号。考虑到图5-6英文是对中文店名的对应翻译，相当于标牌的补充信息，一方面可以满足特定人群的阅读需要，另

一方面也与国家和地方有关户外标牌"不得单独使用外国语言文字"的管理规定相一致，因此我们判定图5-6的语码取向为汉语。

图5-6 "养天和大药房"标牌

（3）纵向排列式

图5-7、图5-8均拍摄于天心区坡子街街道太平街社区内。两块标牌被悬挂在社区墙壁上，对两地历史地位进行了简要介绍。从语言组合上看，两图均为"汉语＋英语＋韩语"结合的多语组合模式。两图左侧的灰色石制材料上从左往右分别用汉字、韩文、英文三种文字书写了洋行、油漆行的旧址名称，两图文字纵向排列，且汉字在三种文字中字号最大，位于最左侧，右侧的韩文、英文字体稍小，但语义与汉语完全一致。灰色石制材料的右侧从上往下分别用汉语、英语、韩语三种语言介绍了两地的历史地位，三种语言之间均为完全有效翻译，语义一致。按照学界有关语码取向的判定标准，当标牌文字纵向排列时，优势语码出现在左侧，即图5-7、图5-8的优势语码为汉语。

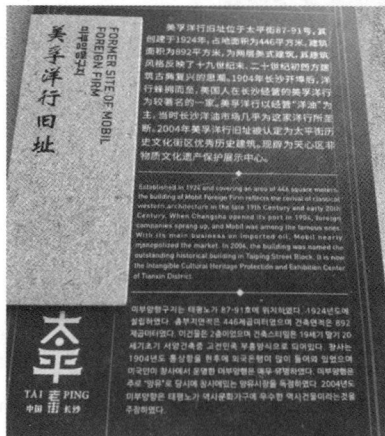

图5-7 太平街社区公告标牌

图5-8 太平街社区公告标牌

图5-9、图5-10均为纵向排列式。按照学界有关语码取向的判定标准，优势语码应该在左侧，即判定英语为两图的优势语码，但考虑到汉字书写中"竖排右书"的规则和两图的排版、字号、字体等实际特点，我们确定两图的优势语码均为汉语，而不是英语。具体而言，图5-9拍摄于岳麓区橘子洲街道阜埠河路天马学生公寓附近的八字墙社区内，该图是社区制作的中国梦主题宣传，标牌制作者遵循了"竖排右书"的古汉字书写规则，将右侧的"中国梦"三个字以特大号繁体字从上到下书写了出来，左侧用小号英文"CHINA DREAM"对其进行了对应翻译，从排版格式来看，这个英文翻译被夹在"中国梦"这三个字之内。很明显，图5-9的语码取向为汉语。图5-10拍摄于雨花区东塘街道雅礼中学斜对面的东塘地铁站出入口处，标牌制作者同样遵循了"竖排右书"的古汉字书写规则，将右侧的"东塘站"三个字以大号字体书写了出来，左侧则用小号英文"Dongtang Station"对其进行了对应翻译。不难看出，图5-10中标牌的语码取向也为汉语。

图5-9　八字墙社区中国梦主题宣传标牌　　　图5-10　东塘地铁站出入口标牌

3. 长沙市多语标牌上的文本互译情况

根据Backhaus对多语标牌文本互译类型的划分可知：多语标牌上的四种文本互译类型，对标牌阅读者语言能力的要求各不相同，其中第一、第二种相比要求不高，只要标牌阅读者熟知本国文字，即便不认识标牌中其他语种的文字，也不影响对标牌含义的理解。但第三、四两种文本互译类型的要求明显比较高，其中第三种文本互译中有部分文字无对应翻译，如果阅读者外语阅读能力低下，则不能完全理解标牌的完整含义。而第四种类型的标牌中只有一种外文语码，无对应翻译，这对于缺乏外语能力的阅读者而言，阅读困难可想而知。总体而言，第三、第四两种类型的文本互译都要求标牌阅读者不仅要熟知本国语言文字，也要熟知标牌中所涉及的其他语种，否则，将无法理解标牌传递的准确含义，即要求阅读者有多语能力。

结合 Backhaus 对标牌文本互译类型的划分，我们对长沙市899块多语标牌逐一进行了文本互译类型的归类。统计发现，899块多语标牌中，完全有效翻译或转译标牌200块，占比22.25%；部分有效翻译或转译标牌500块，占比55.62%；无有效翻译或转译（文本由两种及以上语言组成）的标牌165块，占比18.35%；无有效翻译或转译（文本由一种语言组成）的标牌34块，占比3.78%。不难发现，长沙市多语标牌的文本互译类型呈现出以部分有效翻译或转译为主，其他文本互译类型为辅的总体面貌。其中，采用完全有效翻译（转译）与部分有效翻译（转译）的标牌累计达到700块，占多语标牌总数的77.86%，两种类型的无有效翻译或转译的标牌累计199块，占多语标牌总数的22.14%。这表明，长沙市多语标牌总体上可阅读性和可理解性比较高，绝大多数的多语标牌上均有对应的中文翻译，因此标牌制作者考虑到了标牌阅读者的语言能力特别是外语能力的实际情况，尽可能照顾绝大多数人的阅读习惯。同时，多语标牌中也有22.14%的两种类型的无有效翻译或转译标牌，这两种文本互译类型对阅读者外语能力有较高要求，特别是34块无有效翻译或转译（文本由一种语言组成）的标牌，标牌上只有英语，没有任何汉语翻译或提示，这对阅读者外语能力要求比较高。

下面我们根据多语标牌的文本互译类型分别举例分析。

（1）完全有效翻译或转译

图5-11、图5-12均为完全有效翻译。其中图5-11拍摄于芙蓉区定王台街道五一大道，是长沙市口腔医院的标牌，标牌由汉语、英语两种语言组成，其中汉语为优势语码，英语翻译字体相对比较小，但汉英语义相同，为完全有效翻译。图5-12拍摄于天心区坡子街街道太平街社区内，考虑到该社区内游客比较多，相关部门专门设置了太平街游客中心，这块标牌为汉语、英语、日语三种语言组合的多语标牌，其中汉语字体最大最醒目，英语和日语虽然位于标牌左侧，但其字号明显小于右侧的汉字，故汉语为优势语码。三种语言语义完全相同，为完全有效翻译。

图5-11　长沙市口腔医院标牌　　　图5-12　太平街游客中心标牌

图5-13、图5-14也为完全有效翻译。其中图5-13拍摄于天心区坡子街街道解放西路附近，是一家从事葡萄酒经营的店铺的主标牌，标牌由汉语、英语两种文字组成，其中英文字号比较大，占据了标牌绝大部分空间，而且字体设计比较新颖，而汉语"酒尾巴"则字号偏小，只占据了标牌左下方的一个角落。因此，图5-13的优势语码为英语。但该标牌上汉英两种语言在语义上完全一致，故在文本互译上判定为完全有效翻译。图5-14拍摄于岳麓区岳麓街道麓山南路中南大学南校区附近，是一家从事咖啡经营的店铺的主标牌，该块标牌直接以产品品牌命名，标牌上的英文字号明显比汉字字号大，且文字摆放位置要优于汉字，故该标牌的语码取向为英语，但该标牌上汉英两种语言在语义上完全一

致，故在文本互译类型上判定为完全有效翻译。

图5-13 某葡萄酒经营店铺标牌

图5-14 某瑞幸咖啡店铺标牌

（2）部分有效翻译或转译

图5-15、图5-16均为部分有效翻译标牌。其中图5-15拍摄于雨花区东塘街道枫树山社区内，是小区公共服务标牌之一，标牌由汉语、英语两种语言组成，其中汉语为优势语码。在标牌文本翻译方面，只有标牌上方的"健康步道"和标牌左侧的"起点"被翻译成英语，其他汉语均无对应的英文翻译。因此，图5-15为部分有效翻译标牌。图5-16拍摄于岳麓区岳麓街道麓山南路中南大学南校区附近，是一家经营韩式小吃类的店铺的标牌，标牌由汉语、韩语两种语言组成，其中汉语为优势语码。在标牌文本翻译方面，只有部分汉字被翻译成了韩语，其他汉字没有对应的韩语翻译，因此图5-16为部分有效翻译。

图5-15 枫树山社区公共服务标牌

图5-16 某韩式小吃店铺标牌

图5-17、图5-18均为部分有效翻译。其中图5-17拍摄于雨花区东塘街道的劳动西路，是一家从事鲜花经营的店铺的主标牌，标牌由汉语、英语两种语言组成，其中汉语为优势语码。在文本翻译类型上，只有"都市花乡"被翻译成了英语，标牌右下角的汉语没有对应的英文翻译，故图5-17为部分有效翻译。图5-18拍摄于岳麓区岳麓街道麓山南路的中南大学南校区附近，是一家从事奶茶零售的店铺的标牌，标牌由汉语（含汉语拼音）、英语两种语言组成，其中汉语为优势语码。在文本翻译类型上，该标牌的中文"小柠撞茶"被翻译成"XIAO NING ZHUANG TEA"，很明显只有"茶"被翻译成英语"tea"，其余汉字均为汉语拼音，故图5-18为部分有效翻译。

图5-17　"都市花乡"店铺标牌　　　　图5-18　"小柠撞茶"店铺标牌

(3)无有效翻译或转译（文本由两种及以上语言组成）

图5-19、图5-20两图均拍摄于岳麓区岳麓街道麓山南路中南大学南校区附近，均为服装店的标牌。两块标牌均由汉语、英语两种语言组成，且英语没有对应的汉语翻译，因此属于文本互译类型划分中的第三种情况，即无有效翻译或转译（文本由两种及以上语言组成）。

图5-19 "Loly Top"服装店标牌

图5-20 "NONO"服装店标牌

图5-21拍摄于芙蓉区文艺路街道韭菜园社区内，是一家餐饮店的标牌。标牌由汉语、英语两种语言组成，其中汉语为优势语码。在文本互译类型上，该图有三组英语翻译，其中两组相同，均为"PURE UP"，是汉语"淳上"的英文翻译。但标牌右侧"SOMETHING IS HAPPENING NOW"无对应的汉语翻译，故为文本互译类型中的第三种情况：无有效翻译或转译（文本由两种及以上语言组成）。

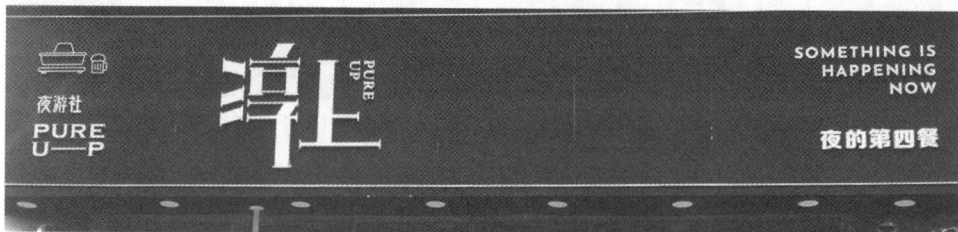

图5-21 "淳上"餐饮店标牌

图5-22拍摄于雨花区东塘街道的雅礼中学附近，是两家餐饮店合在一起的标牌。标牌由汉语、英语两种语言组成，其中汉语为优势语码。在文本互译类型上，该图除了汉字以外，还有汉语拼音和英语，其中英语短语为"CULTIVATE HAPPY LIFE"，标牌中无对应的汉语翻译，因此该标牌在文本互译类型上也为无有效翻译或转译（文本由两种及以上语言组成）标牌。这种类型的标牌要求阅读者有一定的外语阅读能力，否则无法理解标牌的完整含义。

图5-22 某两家餐饮店合做的标牌

（4）无有效翻译或转译（文本由一种语言组成）

图5-23~图5-26均拍摄于岳麓区岳麓街道麓山南路中南大学附近。四幅图均为服装店铺的标牌，且标牌上只有英语，没有其他语言，语码取向为英语。在文本互译类型上，因为无对应的汉语翻译，故四图均为无有效翻译或转译（文本由一种语言组成）标牌。这种类型的标牌对阅读者外语能力要求最高，标牌设立者设计这类标牌往往针对的是特殊群体。

图5-23 "We me"服装店标牌

图5-24 某服装店标牌

图5-25　某服装店标牌

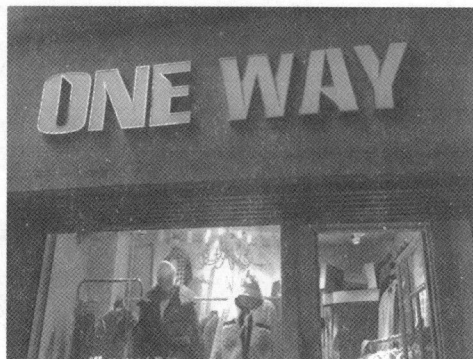

图5-26　某服装店标牌

4. 长沙市官方标牌与私人标牌语言景观异同

根据官方标牌与私人标牌的划分标准，本书对长沙市2942块标牌统计后发现，官方标牌736块，占长沙市标牌总数的25.02%，其中芙蓉区131块、天心区197块、雨花区253块、岳麓区155块；私人标牌2206块，占长沙市标牌总数的74.98%，其中芙蓉区332块、天心区665块、雨花区539块、岳麓区670块。下面我们分别从语言组合模式、语码取向、文本互译类型等方面对这两类标牌的语言景观差异进行比较。

（1）语言组合模式

在语言组合模式上，长沙市官方标牌与私人标牌同中有异。两类标牌均呈现出以汉语单语标牌（含汉语拼音）为主、多语标牌为辅的总体特征。多语标牌方面，官方标牌和私人标牌中均以"汉语＋英语"组合模式为主导，其他语种虽各有涉及，但数量比较少。相比而言，官方标牌中汉语单语标牌比例略高于私人标牌，而私人标牌中语码组合类型更加丰富，所涉及的语码数量更多，多语标牌的百分比稍高于官方标牌。具体情况参见表5-3。

从表5-3不难发现，官方标牌与私人标牌在语言组合模式上存在一定的相同之处。表现在：第一，在单语标牌方面，官方标牌和私人标牌均以汉语单语标牌（含汉语拼音）为主，二者分别占比72.28%和68.50%，说明两类标牌在标牌用语方面均坚持汉语的主导地位，这与汉语作为我们国家的通用语言有重要关系。第二，在多语标牌方面，官方标牌和私人标牌中均有一定数量的多语标牌，标牌语种涉及汉语以外的其他语种，但两类标牌均以"汉语＋英语"组合模式最为常见，二者分别占比25.95%和29.37%，其他语种组合模式虽有分布，但数量比较少。这与英语在全球的国际地位有直接关系。

表5-3　长沙市官方标牌与私人标牌语言组合模式

语言组合模式	官方标牌		私人标牌	
	数量/块	占比/%	数量/块	占比/%
汉语（含汉语拼音）	532	72.28	1511	68.50
英语	0	0	34	1.54
汉语＋英语	191	25.95	648	29.37
汉语＋韩语	0	0	2	0.09
汉语＋日语	0	0	7	0.32
汉语＋维吾尔语	0	0	1	0.05
汉语＋英语＋日语	1	0.14	0	0
汉语＋英语＋韩语	12	1.63	0	0
汉语＋英语＋西班牙语	0	0	1	0.05
汉语＋英语＋泰语	0	0	2	0.09
合计	736	100	2206	100

两类标牌的不同之处在于：第一，官方标牌中汉语单语标牌（含汉语拼音）略高于私人标牌，其中官方标牌72.28%，私人标牌68.50%。第二，官方标牌语言组合模式没有私人标牌丰富。如官方标牌中语言组合模式涉及汉语（含汉语拼音）、"汉语＋英语""汉语＋英语＋韩语"3种类型，而私人标牌中语言组合模式涉及汉语（含汉语拼音）、英语、"汉语＋英语""汉语＋韩语""汉语＋日语""汉语＋维吾尔语""汉语＋英语＋西班牙语""汉语＋英语＋泰语"等8种组合类型。这说明两类标牌设立主体在标牌语言选择上存在一定的差异，私人标牌在语码选择上更趋多元化，这与私人标牌设立主体标牌制作目的有关。以本书调查样本为例，在对长沙市4个城区8条街道的现场取样过程中，我

们发现各个区私人标牌中均有多语标牌，如在芙蓉区332块私人标牌中，汉语单语标牌251块，"汉语＋英语"组合标牌80块，"汉语＋英语＋西班牙语"组合标牌1块；在天心区665块私人标牌中，汉语单语标牌484块，纯英语标牌12块，"汉语＋英语"组合标牌166块，"汉语＋日语"组合标牌2块，"汉语＋韩语"组合标牌1块；在雨花区539块私人标牌中，汉语单语标牌351块，英语单语标牌5块，"汉语＋英语"组合标牌181块，"汉语＋日语"组合标牌2块；在岳麓区670块私人标牌中，汉语单语标牌425块，英语单语标牌17块，"汉语＋英语"组合标牌221块，"汉语＋日语"组合标牌3块，"汉语＋韩语"组合标牌1块，"汉语＋维吾尔语"组合标牌1块，"汉语＋泰语＋英语"组合标牌2块。统计发现，各区私人标牌中均存在一定数量的多语标牌，且很多私人标牌为店铺经营者所设立，其中多数为店面门头标牌，也包含一部分对店铺经营范围或属性的补充说明类标牌。这类私人标牌为吸引顾客，尽可能在店铺标牌设计上求新求异，在语码选择上倾向于多元化。

值得注意的是，虽然相对而言，官方标牌语言组合模式没有私人标牌丰富，但长沙市官方标牌上的语言除了汉语以外，也存在英语、韩语、日语等语种。比如芙蓉区131块官方标牌中，汉语单语标牌97块，"汉语＋英语"组合的标牌34块；天心区197块官方标牌中，汉语单语标牌122块，"汉语＋英语"组合的双语标牌62块，"汉语＋英语＋日语"组合的三语标牌1块，"汉语＋英语＋韩语"组合的三语标牌12块；雨花区253块官方标牌中，汉语单语标牌206块，"汉语＋英语"组合的双语标牌47块；岳麓区155块官方标牌中，汉语单语标牌107块，"汉语＋英语"组合的双语标牌48块。这些官方多语标牌主要集中在路牌、地名牌、交通指示牌、行政机关门牌、城市宣传牌、信息公示牌等方面。如天心区坡子街街道太平街社区内有12块"汉语＋英语＋韩语"组合的多语标牌，主要是对太平老街发展历史的多语介绍，涉及西牌楼街、金线街、老通义油漆行旧址、雅礼医院旧址、农民银行旧址、美孚洋行旧址、孚嘉巷、贾谊故居等地。如图5-27所示。

图5-27　太平街官方标牌

图5-27所示图片均拍摄于天心区坡子街街道太平街社区内，标牌上均为"汉语＋英语＋韩语"组合模式，语码取向均为汉语，文本互译类型为完全有效翻译。太平街官方标牌上出现多语组合模式，与该地的历史地位和当前发展情况存在重要关系。太平街是长沙古城保留比较完整的一条街，街区内有贾谊故居、长怀井、辛亥革命共进会旧址等历史遗迹。[①]近年来，在长沙市政府的打造下，太平街成为一条历史文化街区，街区内商铺林立，美食品种多，人流量大，是全国各地游客来长沙的网红打卡点。因此，官方标牌上采用了汉语、英语、韩语的组合模式，也是服务于国内外游客的阅读需要。

（2）**多语标牌中的文本互译类型**

在多语标牌文本互译类型上，官方标牌与私人标牌在同中明显有异。相同

---

① 360百科 . 太平街 [EB/OL].（2023-04-25）[2023-06-15].https://baike.so.com/doc/281937-298567.html.

之处表现在，两类多语标牌都以部分有效翻译或转译为主，其他三种文本互译类型为辅。不同之处表现在，除了部分有效翻译或转译外，官方多语标牌更倾向于采用完全有效翻译或转译，而私人多语标牌则倾向于选择无有效翻译或转译（文本由两种及以上语言组成）、完全有效翻译或转译两种情况。此外，私人多语标牌还不排斥无有效翻译或转译（文本只由一种语言构成）类型。两类标牌在文本互译上的相关情况见表5-4。

表5-4　长沙市官方标牌与私人标牌中多语标牌文本互译类型

文本互译类型	官方多语标牌		私人多语标牌	
	数量 / 块	占比 /%	数量 / 块	占比 /%
完全有效翻译或转译	62	30.39	138	19.86
部分有效翻译或转译	124	60.78	376	54.10
无有效翻译或转译(文本由两种及以上语言组成)	18	8.82	147	21.15
无有效翻译或转译（文本只由一种语言构成）	0	0	34	4.89
合计	204	100	695	100

从表5-4可知，长沙市官方与私人多语标牌都比较重视标牌语言文字的可识别性。体现在文本互译类型上，两类标牌中采用部分有效翻译或转译、完全有效翻译或转译的标牌数量均比较高，如官方多语标牌中采用这两类翻译方法的标牌比例高达91.17%，私人多语标牌中则占73.96%。说明不管是官方还是私人标牌设立者，均比较重视标牌文本的可读性，尽量采用本国通用语言文字对标牌中的其他语种进行翻译或转译，充分发挥标牌的信息功能。

但是，受标牌设立主体、动机等因素影响，官方标牌与私人标牌在文本互译类型上也存在一定的差异。相比而言，官方标牌更重视标牌文本的可识别性，在多语标牌中尽量对文本进行对应翻译，满足读者的阅读需求。如在文本互译类型的选择上，官方多语标牌中采用完全有效翻译或转译、部分有效翻译或转译的比例明显高于私人标牌（官方标牌91.17%、私人标牌73.96%），而两类无有效翻译或转译类的标牌比例明显低于私人标牌（官方标牌8.82%、私人标牌

26.04%），其中无有效翻译或转译（文本只由一种语言构成）的官方标牌为0。官方与私人多语标牌文本互译类型上的差异，与标牌设立主体、标牌设立动机等因素存在密切关系。统计发现，官方多语标牌主要集中在路牌、地名牌、交通指示牌、行政机关门牌、城市宣传牌、信息公示牌等方面，这类标牌的设立者多为官方机构，标牌设立的主要目的是为城市居民及流动人口提供公共信息服务，满足各类人群日常出行、工作、生活等方面的服务需求，标牌服务的人群覆盖面比较广，因此，标牌设立者有必要兼顾目标受众的语言能力和阅读习惯，尽量满足绝大多数人群的阅读需要。而私人标牌设立者多为个人或一定范围的集体，标牌设立更多考虑个人或小范围利益的需要。以私人双语标牌中数量比较多的私人店铺为例，这类标牌大多情况下是为了满足店铺经营者的经济效益，因此在标牌文本翻译上，考虑更多的是如何吸引目标受众，如何体现店铺的经营特色，如何在众多竞争者中更胜一筹。这些因素导致了官方与私人多语标牌在文本互译类型上的差异。

（3）**多语标牌中的语码取向**

在多语标牌的语码取向上，长沙市官方标牌与私人标牌也存在一定的异同之处。在899块多语标牌中，官方标牌204块，私人标牌695块，两类标牌相关语码取向情况见表5-5。

表5-5　长沙市官方与私人多语标牌中的语码取向

语码取向	官方标牌		私人标牌	
	数量 / 块	占比 /%	数量 / 块	占比 /%
汉语	200	98.04	586	84.32
英语	4	1.96	107	15.40
日语	0	0	2	0.29
合计	204	100	695	100

从表5-5可知，官方多语标牌中，98.04%的标牌语码取向为汉语，其余1.96%的标牌语码取向为英语。私人多语标牌中，84.32%的标牌语码取向为

汉语，15.4% 的标牌语码取向为英语，还有0.29% 的标牌语码取向为日语。这说明，无论是官方标牌还是私人标牌，在语码取向上都是以汉语为绝对优势语言，这与汉语作为国家通用语的地位和标牌受众的阅读习惯有关。相比而言，私人标牌中语码取向为外语的比例要高于官方标牌，这与私人标牌设立者和标牌设立动机存在密切关系。与官方标牌服务大众的设立动机不同，私人标牌更多的是追求个人或小范围利益，因此标牌设计上比较讲究与众不同和创新性，体现在语码取向上，部分私人多语标牌注重彰显标牌的整体创意，有意突显汉语以外的其他语码，满足目标受众的阅读需要。

（4）不同功能类型标牌的语言景观差异

Spolsky 等依据标牌功能和使用情况，将其分为街牌、广告牌、警示牌、建筑牌、信息牌、纪念牌、物品名牌、涂鸦等。[①] 参考其对标牌功能类型的划分方法，我们将本次调查的长沙市2942块标牌的功能类型依次划分为门牌、路名牌、站牌、建筑名牌、商铺招牌、机构名牌、广告牌、宣传海报、警示牌、信息牌等十小类，具体分布见表5-6。

表5-6　长沙市不同功能类型标牌的语言景观差异

功能	门牌	路名牌、站牌	广告牌、宣传牌	建筑名牌、机构名牌	商铺招牌	信息牌	警示牌	合计
数量/块	7	107	853	228	1380	297	70	2942
百分比/%	0.24	3.64	28.99	7.75	46.91	10.10	2.38	100

表5-6显示，长沙市标牌功能类型分布比较广，基本能满足人们在日常生活和出行等方面的需求。但各类型标牌分布数量差异比较大，其中商铺招牌最多（46.91%），其次为广告牌和宣传牌（28.99%）、信息牌（10.10%），其余标牌数量累计只有10.37%。标牌功能类型分布情况说明，长沙市主城区相关街道个体经济相对比较发达，私人店铺数量多，经营类型比较广，商业气氛浓厚，

① 俞玮奇，王婷婷，孙亚楠.国际化大都市外侨聚居区的多语景观实态：以北京望京和上海古北为例 [J].语言文字应用，2016（1）：36-44.

因此店铺招牌和广告宣传类的标牌数量多。

此外，结合标牌设立主体，不同功能类型标牌分布见表5-7。

表5-7　长沙市不同标牌设立主体的语言景观功能差异

语言景观设立主体	官方标牌						私人标牌				
功能	门牌	信息牌	广告牌、宣传牌	建筑名牌、机构名牌	路名牌、站牌	警示牌	广告牌、宣传牌	建筑名牌、机构名称	信息牌	商铺招牌	警示牌
数量/块	7	134	353	96	107	39	500	132	163	1380	31
占比/%	0.95	18.21	47.96	13.04	14.54	5.30	22.67	5.98	7.39	62.56	1.41
合计/块（%）	736（100）						2206（100）				

表5-7显示，在标牌设立主体上，官方标牌与私人标牌在语言景观功能类型上同中有异。如在分布类型上，两类标牌中均有信息牌、广告牌和宣传牌、建筑名牌和机构名牌、警示牌等类型，差异在于官方标牌中还有门牌、路名牌和站牌，私人标牌中还有商铺招牌；在分布数量上，官方标牌中广告牌和宣传牌最多（47.96%），其次为信息牌（18.21%）、路名牌和站牌（14.54%），其余标牌累计只有6.25%。私人标牌中商铺招牌最多（62.56%），其次为广告和宣传牌（22.67%），其余标牌累计只有14.78%。

两类标牌在语言景观功能分布上的差异表明，官方注重发挥标牌的宣传功能，宣传内容覆盖面比较广，如国家大政方针、社会主义核心价值观、社会公德、家庭美德、城市历史和文化等方面。而私人则比较注重发挥标牌的商业价值，向目标受众传递商品信息，信息的内容涉及餐饮、休闲娱乐、服饰、文教等方面。

5. 长沙市主城区语言景观分布的地理差异

本研究我们调查范围涉及长沙市芙蓉区、天心区、雨花区、岳麓区四个主城区。在对各区语言标牌进行整理的过程中我们发现，主城区内各地语言景观存在一定的差异。

（1）标牌语码分布差异

我们按照调查的街道，对各区域语码分布情况进行了统计，具体见表5-8。

表5-8　长沙市主城区语码分布差异

地点		标牌数量/块	语码数量及占比				
			汉语/块(%)	英语/块(%)	汉语+英语/块(%)	其他双语/块（%）	三语/块（%）
芙蓉区	定王台街道	251	164（65.34）	0	86（34.26）	0	1（汉+英+西）（0.40）
	文艺路街道	212	184（86.79）	0	28（13.21）	0	0
天心区	城南路街道	307	245（79.80）	1（0.33）	60（19.54）	1（汉+日）（0.33）	0
	坡子街街道	555	361（65.05）	11（1.98）	168（30.27）	1（汉+日）（0.18）1（汉+韩）（0.18）	1（汉+英+日）（0.18）12（汉+英+韩）（2.16）
雨花区	东塘街道	360	210（58.33）	3（0.83）	146（40.56）	1（汉+日）（0.28）	0
	砂子塘街道	432	347（80.32）	2（0.46）	82（18.98）	1（汉+日）（0.23）	0
岳麓区	橘子洲街道	308	214（69.48）	0	94（30.52）	0	0
	岳麓街道	517	318（61.51）	17（3.29）	175（33.85）	3（汉+日）（0.58）1（汉+韩）（0.19）1（汉+维）（0.19）	2（汉+英+泰）（0.39）
总计		2942	2043	34	839	10	16

表5-8显示，长沙市4区8条街道语言标牌上的语码分布虽然总体上都以汉语单语标牌为主，但在多语标牌上存在一定的差异。相比而言，芙蓉区的文艺路街道（86.79%）、雨花区的砂子塘街道（80.32%）、天心区的城南路街道（79.80%）汉语单语标牌比例最高，多语标牌分布比较少，且涉及的语种主要有汉语、英语、日语三种语言。而其余的5条街道多语标牌分布相对较高，从高到低依次为东塘街道（41.67%）、岳麓街道（38.49%）、坡子街街道（34.95%）、

定王台街道（34.66%）、橘子洲街道（30.52%）。在标牌语码组合类型上，岳麓街道和坡子街街道语码组合类型最丰富，每条街道均涉及了7种语码组合类型，其中岳麓街道语码组合类型包括：汉语、英语、"汉语＋英语""汉语＋日语""汉语＋韩语""汉语＋维吾尔语""汉语＋英语＋泰语"7种类型，标牌中出现了汉语、英语、日语、韩语、维吾尔语、泰语6种语言；坡子街街道语码组合类型包括：汉语、英语、"汉语＋英语""汉语＋日语""汉语＋韩语""汉语＋英语＋日语""汉语＋英语＋韩语"7种类型，标牌中出现了汉语、英语、日语、韩语4种语言。

长沙市主城区不同区域语言标牌上语码分布的差异，与调查区域地理位置和功能定位存在一定关系。本次调查的8条街道中，芙蓉区的文艺路街道、雨花区的砂子塘街道、天心区的城南路街道均不在核心商圈内，在功能定位上更多侧重于城市居民区，因此这些区域语言标牌中汉语单语标牌比例高，多语标牌数量少。而多语标牌相对较高的5条街道在功能定位上各有特色，其中雨花区东塘街道依托东塘商圈，商业气息比较浓厚，是典型的商业区；天心区坡子街街道位于繁华的解放西路，依托黄兴南路步行街和太平街历史文化街区，商业气息浓厚，人流量大，成为长沙的一条网红街道；芙蓉区定王台街道毗邻五一商圈，我们调查的五一大道东西双向商场、写字楼林立，是典型的商业区；而岳麓区的岳麓街道和橘子洲街道则位于河西大学城内，两条街道内分布了省内多所知名高校和科研院所，人口比较密集，街道两侧个体经济比较繁荣。

通过对以上各条街道的地理位置和功能定位分析不难发现，主城区商业发达的区域，人口流量大，其标牌中的语码组合模式更加多元化，标牌涉及的语种数量更多。反之，商业气氛不太浓厚的居民区，人口流量相对较小，其标牌语言组合模式一般较少，标牌涉及的语种数量偏少。

（2）多语标牌中的语码取向差异

按照调查的街道，我们对各区域多语标牌语码取向分布情况进行了统计，具体见表5-9。

表5-9 长沙市主城区多语标牌语码取向分布差异

地点		数量/块	占比/%	语码数量及占比		
				汉语/块（%）	英语/块（%）	其他语言/块（%）
芙蓉区	定王台街道	87	100	79（90.80）	8（9.20）	0
	文艺路街道	28	100	26（92.86）	2（7.14）	0
天心区	坡子街街道	194	100	161（82.99）	33（17.01）	0
	城南路街道	62	100	60（96.77）	2（3.23）	0
雨花区	东塘街道	150	100	139（92.67）	11（7.33）	0
	砂子塘街道	85	100	80（94.12）	4（4.71）	1（日语）（1.18）
岳麓区	橘子洲街道	94	100	89（94.68）	5（5.32）	0
	岳麓街道	199	100	152（76.38）	46（23.12）	1（日语）（0.50）
合计		899	100	786	11	2

表5-9显示，4个主城区8条街道899块多语标牌中，语码取向总体上呈现出以汉语为主、其他语言为辅的总体特征。其中岳麓街道、坡子街街道汉语语码取向偏低，分别占比76.38%、82.99%，外语语码取向偏高，分别占比23.62%、17.01%。其他各区外语语码取向均偏低，汉语语码取向均超过了90%，其中最高的区域是城南路街道（96.77%）。

各区多语标牌在语码取向上的差异，与各区地理位置和功能定位有关。本次调查的4区8条街道中，岳麓街道、坡子街街道外语语码取向相对比较高，与两条街道的自身特点密切相关。本次我们在岳麓街道的取样范围为麓山南路南北双向（从中南大学南校区开始）1000米范围内的所有标牌，包括由北往南方向云麓园社区内的标牌。这一片调查区域内分布了省内多所知名高校，人口流量大，人员分布密集，马路两侧私营店铺众多，经营范围广，主要消费人群为附近的高校师生，特别是青年大学生群体。岳麓街道调查区域这一特点，对该区域内的标牌语言，特别是私人标牌语言带来比较明显的影响。调查过程中，我们发现该区域内不仅多语标牌数量多，语码组合丰富，而且语码取向为外语的比例最高，如其语码取向为英语的多语标牌达23.12%，此外还有0.50%的标牌语码取向为日语。与岳麓街道语码取向具有相似之处的是坡子街街道，本次调查我们在坡子街街道取样的范围包括解放西路东西双向（从黄兴铜像开始）1000米范围内的所有标牌，含太平街社区内的标牌。这一片调查区域紧邻黄兴南路步行街，商业气氛比较浓厚，街道两旁餐饮、娱乐休闲场所比较多，人口流量大，且坡子街历史文化街区是长沙知名网红景点之一，街区内私营店铺林立，各地美食汇聚，流动人口多。坡子街街道调查区域这一特点，对该区域内的标牌语码取向也产生了比较明显的影响，在语码取向以汉语为主的情况下，语码取向为英语的标牌达到了17.01%，仅次于岳麓街道。

（3）多语标牌的文本互译类型差异

按照调查的街道，我们对各区域多语标牌的文本互译类型进行了统计，具体见表5-10。

表5-10　长沙市主城区多语标牌文本互译类型分布差异

地点		数量/块	占比/%	完全有效翻译或转译/块（%）	部分有效翻译或转译/块（%）	无有效翻译或转译（文本由两种及以上语言组成）/块(%)	无有效翻译或转译（文本只由一种语言构成）/块（%）
芙蓉区	定王台街道	87	100	18（20.69）	55（63.22）	14（16.09）	0
	文艺路街道	28	100	4（14.29）	16（57.14）	8（28.57）	0
天心区	坡子街街道	194	100	44（22.68）	99（51.03）	40（20.62）	11（5.67）
	城南路街道	62	100	13（20.97）	38（61.29）	10（16.13）	1（1.61）
雨花区	东塘街道	150	100	41（27.33）	80（53.33）	26（17.33）	3（2.0）
	砂子塘街道	85	100	11（12.94）	62（72.94）	10（11.76）	2（2.35）
岳麓区	橘子洲街道	94	100	24（25.53）	62（65.96）	8（8.51）	0
	岳麓街道	199	100	45（22.61）	88（44.22）	49（24.62）	17（8.54）
合计		899	100	200	500	165	34

表5-10显示，4个主城区8条街道899块多语标牌中，文本互译类型总体上呈现出以部分及完全有效翻译（转译）为主、其他翻译类型为辅的总体特

征。其中岳麓区橘子洲街道采用部分及完全有效翻译（转译）的标牌比例最高（91.49%），其次为砂子塘街道（85.88%）、定王台街道（83.91%），部分及完全有效翻译（转译）的标牌比例最低的是岳麓街道（66.83%）、文艺路街道（71.43%）。

各地标牌文本互译类型上的差异，反映了各地标牌设立者对标牌受众语言能力的分析和评估。正如上文所分析，岳麓街道内高校比较集中，标牌的阅读受众以青年大学生群体和高校教师为主，他们有良好的外语阅读能力，因此一部分私人标牌设立者在标牌文本互译上采用了两种类型的无有效翻译方式（33.17%），虽然这两种翻译方式对标牌受众外语能力要求比较高，但考虑到该区域人口分布实际情况，这类标牌在当地的阅读难度系数并不大。

与之相对的是，部分街道完全及部分有效翻译（转译）标牌比例偏高，无有效翻译或转译的标牌比例偏低，这同样与标牌设立者对该区域标牌目标受众的语言能力评估有关系。以橘子洲街道为例，该街道虽然毗邻岳麓街道，我们取样的区域内也有居住在天马学生公寓内的大学生，但该区域内还有八字墙社区、天马社区等，社区内常住居民多，人口比较集中，因此，这客观上对周围多语标牌上的文本互译类型产生一定影响。

以上我们从语码类型、语码取向、文本互译类型等方面对本次调查的长沙市4区8条街道的语言标牌分别进行了比较。研究发现，虽然都在同一个主城区，但由于地理位置、功能定位、标牌目标受众等因素影响，各区域在标牌语言景观上存在一定的差异。

首先，在语码类型上，商业气氛浓的区域，如东塘街道、岳麓街道、坡子街街道等标牌语码组合模式更丰富，标牌涉及的语种数量更多。反之，商业气氛不浓厚的居民区，如文艺路街道的韭菜园社区、砂子塘街道、城南路街道则标牌语码组合模式相对较单一，标牌涉及的语种数量偏少。

在语码取向上，虽然各区域标牌中优势语码为汉语的标牌总体上占明显优势，但大学生群体比较多的岳麓街道和流动人口比较多的网红景点坡子街街道外语语码取向偏高，其他区域外语语码取向偏低。

在多语标牌文本互译类型上，虽然各区域标牌均以部分及完全有效翻译为主、其他翻译类型为辅，但各区域之间还存在一定的差异。其中大学生群体比较集中的岳麓街道在文本翻译上完全和部分有效翻译的标牌比例最低（66.83%），无有效翻译或转译的标牌比例最高（33.17%），而橘子洲街道刚好相反，其完全和部分有效翻译的标牌比例最高（91.49%），无有效翻译或转译的标牌比例最低（8.51%）。各区域在文本互译类型上的差异，与区域标牌目标受众的特点有密切关系。

（4）其他

以上是长沙市不同区域语言景观的差异。事实上，我们在调查过程中也发现，即便是同一条街道，其语言景观也存在一定的差异，且这种差异不只是表现在语码类型、语码取向、文本互译类型等方面，在标牌材质、字体、置放等方面也存在明显差异。以天心区城南街道为例，这一条街道我们调查的区域为城南西路马路两侧的标牌以及该区域内的古道巷社区和吴家坪社区内的标牌，累计标牌数量为307块。研究发现，街道两侧的标牌与社区内的标牌差异很明显。

如在语码组合类型上，307块标牌中，汉语单语标牌245块，纯英语标牌1块，"汉语＋英语"组合标牌60块，"汉语＋日语"标牌1块，共计4种语码组合模式。其中，古道巷社区和吴家坪社区内的标牌均为汉语单语标牌，多语标牌组合模式均分布在城南西路马路两侧临街的标牌上。

在语码取向上，社区内的汉语单语标牌语码取向均为汉语，而临街的62块多语标牌中，语码取向为英语的只有2块，其余均以汉语为优势语码。

在标牌文本互译类型上，社区内的标牌均为汉语单语标牌，没有多语标牌，因此无须考虑文本互译类型。临街的62块多语标牌中，13块为完全有效翻译或转译，38块为部分有效翻译或转译，10块为无有效翻译或转译（文本由两种语言组成），1块为无有效翻译或转译（文本只有一种语言）。

在标牌材质、字体、置放等方面，社区内的标牌与临街的标牌也存在明显差异。如社区内的标牌材质多为木制的简易标牌，也有少数标牌制作材料为硬纸板。而临街标牌材质比较多元，如喷绘、发光字、霓虹灯、铝塑板、玻璃、LED 炫彩屏等。在字体上，社区内的标牌字体比较单一，还有少数标牌为店主手工书写。而临街标牌的字体比较多元，各种字体及其艺术变体形式均存在。在置放方面，社区内的标牌置放比较随意，除了平行置放于店铺的门头上方，垂直置放于门头的左右两侧外，还有的标牌摆放在窗户、大门、地上等。而临街标牌置放的位置相对比较统一。

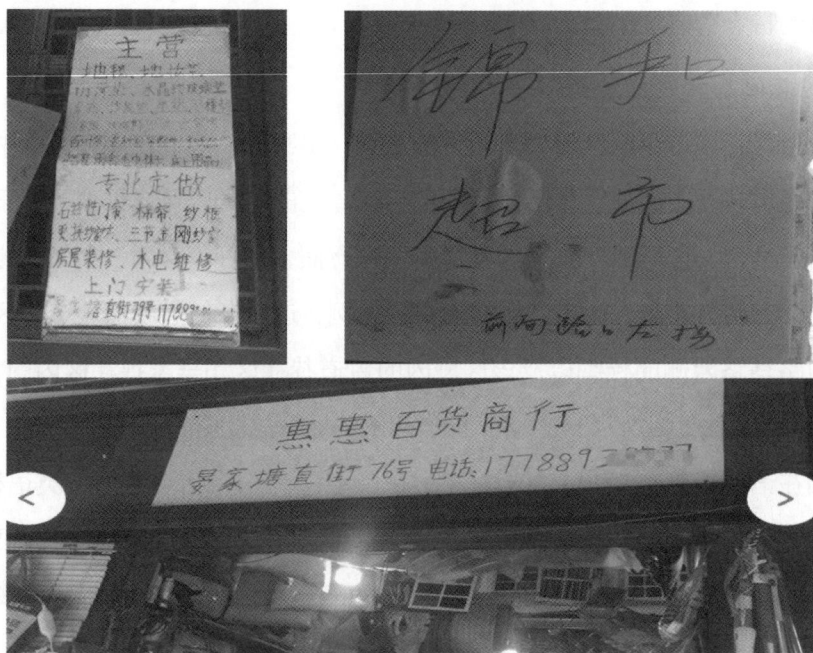

图5-28　古道巷社区内的私人标牌

图5-28所示的3块标牌均拍摄于城南街道古道巷社区内。标牌上只有汉语一种语言，标牌字体均为手写体，书写材料均为纸质材料，不耐用，标牌外观也比较简陋。与临街标牌的精美设计和光鲜亮丽形成了鲜明对比。

此外，在标牌命名上，社区内的标牌命名更加大众化、通俗化，如城南路街道古道巷社区内的店铺标牌命名通俗易懂，简单直白。如"休闲茶座""绿色洗烫店""军艳茶室""中国体育彩票""思伟粮油店""精制时装""五金、水暖、电器经营部""小娟音乐吧""晓云家电""峻炜家具""明杰百货店""豪豪时尚百货""莲鹏时尚百货""孝忠家居日用百货""珍珍美丽家居""萧萧厨具经营部"等，这些店铺标牌开门见山指出了店铺的经营范围，然后前面添加修饰性词语指出店铺的经营主体、特色等，整个标牌看起来通俗易懂。

（四）总结与讨论

1. 长沙市语言景观的构建原则

Ben-Rafael 提出了语言景观的四条构建原则，分别为突显自我原则（presentation of self）、充分理性原则（good-reasons）、集体认同原则（collective identity）、权势关系原则（power relations）。[①]对长沙市语言景观调查研究发现，其语言景观着重体现了突显自我原则、充分理性原则、权势关系原则。

（1）突显自我原则

为吸引目标受众的注意力，最大限度发挥标牌的信息功能，标牌设立者往往在标牌设计上极力彰显自我、追求标新立异，这在商业繁华地区体现得最为明显。以坡子街街道、岳麓街道为例，两条街道地理位置优越，分别位于长沙市黄兴南路步行街和河西大学城内，周围私人店铺林立，商业气息浓厚，人流量比较大。为招揽顾客，吸引更多的客流量，两条街道多语标牌比例偏高，语码组合类型比较丰富。两条街道均包含了7种语码组合类型，其中岳麓街道语码组合类型包括：汉语、英语、"汉语＋英语""汉语＋日语""汉语＋韩语""汉语＋维吾尔语""汉语＋英语＋泰语"等7种，标牌中出现了汉语、英语、日语、韩语、维吾尔语5种语言；坡子街街道语码组合类型包括：汉语、英语、"汉语＋英语""汉语＋日语""汉语＋韩语""汉语＋英语＋日语""汉语＋英语＋韩语"等7种，标牌中出现了汉语、英语、日语、韩语4种语言。在多语标牌语码取向上，坡子街街道、岳麓街道语码取向为外语的标牌均高于其他调查区域，分别达到17.01%、23.62%。除了标牌语码上的特殊之处，一部分私人标

---

① 尚国文，赵守辉.语言景观的分析维度与理论构建 [J]. 外国语，2014（6）：81-89.

牌还在用词、字体、颜色、尺寸等方面追求标新立异。

图5-29~图5-31均拍摄于岳麓区麓山南路中南大学南校区附近，图5-32拍摄于天心区解放西路太平街附近，四幅图在标牌设计上都比较有创意。其中图5-29为一家理发店的标牌，标牌由汉英两种文字组成，标牌设立者将"壹伴"翻译为"one/2"，采用了谐音的手法，且"one"的字号偏大，下方的英文单词"salon"提示店铺经营的范围。图5-30为一家东南亚小吃店的标牌，标牌上有汉语、英语、泰语三种语言，其中泰语有对应的中文翻译，但英语无对应翻译。标牌中央用大号汉字"大象小吃"作为店铺名称，周围再用英语和泰语分别注明店铺经营的具体范围，标牌右下角还用图文结合的方式抒发对长沙这座城市的个人感情，希望引起顾客情感共鸣。图5-31、图5-32均采用了网红路牌的形式来为商家宣传，以吸引顾客关注，提高店铺知名度。其中图5-31为一家麻辣烫店铺的辅助标牌，该标牌位于店铺玻璃窗的旁边，标牌外观被设计成了一块网红路牌，引用了网络流行结构"想你的风还是吹到了××"，标牌下方白色区域注明了店铺具体位置和方向，比较吸引眼球。图5-32为一家连锁茶馆门前的宣传牌，外观上也被设计成一块网红路牌，标牌上蓝色区域引用了"向海风许愿，在山海相见"这一流行语格式，并结合地域特色仿造出"向星辰许愿，在长沙相见"的宣传口号，下方白色区域中央是茶馆的中英文名称，左右两侧分别为方位。这类借助于网红路牌的形式从事商业宣传的私人标牌比较新颖。

图5-29 某理发店标牌

图5-30 某东南亚小吃店标牌

图5-31　某麻辣烫店铺的辅助标牌　　　　图5-32　某连锁茶馆门前的宣传牌

对以上四幅图所示标牌进行语言分析不难发现，为了吸引目标受众的注意力，提高店铺的营业收益，店铺经营者在标牌设计上均注重彰显自我、追求标新立异，这实际上是遵循了语言景观的突显自我原则。

(2) 充分理性原则

"语言标牌以其独特性吸引路人的注意力，但标新立异背后也有趋同的一面，那就是理性地满足读者的需求。"[①] 对长沙市2942块标牌统计发现，除了34块标牌为纯英语标牌外，其余所有标牌中均有汉语，汉语的出现率达98.84%。在10种类型的语码组合形式中，汉语单语标牌累计2043块，占比69.44%，其余30.56%的标牌为多语标牌。此外，899块多语标牌中，汉英组合的双语标牌数量最多，累计839块，占多语标牌的93.33%。在语码取向上，899块多语标牌中，优势语码为汉语的标牌有786块，占比87.43%；优势语码为英语的标牌有111块，占比12.35%；优势语码为日语的标牌只有2块，占比0.22%。在文本互译类型上，完全有效翻译（转译）和部分有效翻译（转译）的标牌累计达到700块，占多语标牌的77.86%，另外两种类型的无有效翻译或转译标牌累计199块，占多语标牌的22.14%。

长沙市语言景观在语码组合、语码取向、文本互译类型上的诸多特点显示，该市标牌常用景观语言以汉语为主，其他语言为辅。在多语标牌中，英语是优势外语。除了少数标牌无有效翻译外，绝大多数多语标牌上均有对应的

---

① 尚国文，赵守辉.语言景观的分析维度与理论构建 [J].外国语，2014（6）：81-89.

中文翻译，标牌可阅读性和可理解性均比较高。以上特点实际上是遵循了语言景观的充分理性原则。作为公共场所的语言文字应用现象，无论是官方标牌还是私人标牌，标牌设立者均将标牌受众的阅读习惯和语言能力作为重要考量因素，即目标受众能看得懂标牌上的文字，能理解标牌传递的准确含义。长沙市标牌中汉语的优势地位和文本互译情况符合绝大多数标牌受众的阅读习惯和语言能力，说明标牌制作者考虑到了标牌接受者的语言能力特别是外语能力的实际情况，尽可能照顾绝大多数人的阅读需求。同时，作为中部地区有影响力的重要城市，长沙的国际化趋势日趋明显，英语成为标牌中的重要外语，符合英语的国际地位，满足了长沙国际化的需求。

（3）权势关系原则

统计发现，2942块标牌中，98.84%的标牌都使用了汉语，汉语单语标牌比例达到69.44%。官方多语标牌中，98.04%的标牌语码取向为汉语；私人多语标牌中，84.32%的标牌语码取向为汉语，即不管是官方标牌还是私人标牌，长沙市多语标牌中语码取向均以汉语为主，其他语言为辅。长沙市标牌常用景观用语为汉语，这是对语言景观权势关系原则的遵守。

根据《中华人民共和国国家通用语言文字法》（2000年）第三、十三条和《湖南省实施〈中华人民共和国国家通用语言文字法〉办法》（2006年）第十一、十三、十四条，以及《长沙市户外招牌设置管理规范》（2014年）等相关文件的规定，汉语是我们国家的通用语言，标牌文字应使用规范汉字，确需使用外国语言文字的，"须以国家通用语言文字为主、外国语言文字为辅"。汉语成为长沙市标牌常用景观用语，在多语竞争中成为绝对优势语言，符合国家和地方语言文字法律法规的相关要求，在实践中维护了汉语的法律地位。

2. 长沙市语言景观中的外语使用情况

在我们调查的区域，所有标牌中外语的出现比例达30.52%，包括英语、韩语、日语、西班牙语、泰语等语种。外语标牌中，英文的出现比例最高，达

99.0%，其中汉英组合形式的双语标牌最为常见。但在语码取向上，多语标牌中以外语为优势语码的标牌数量并不多，只有12.57%，说明绝大多数标牌均以汉语为优势语码，外语只是标牌辅助性的语言。

从标牌设立主体来看，官方标牌中外语出现的比例达27.72%，涉及英语、日语、韩语3种外语，主要分布于路牌、机构门牌、公共交通导视牌、景区导览牌、官方宣传牌等方面。政府机构设立外语标牌，主要是服务于特定人群的语言需求，当然也能提升长沙的国际化形象；私人标牌中外语出现的比例达31.46%，涉及英语、日语、韩语、西班牙语、泰语5种外语，主要分布于店铺招牌、商业海报以及银行、邮局、电信、研究院等服务机构门牌和信息指示牌上。私人标牌中外语的使用一方面是发挥信息传递的功能，另一方面是发挥装饰性和象征性作用，特别是私人店铺门头招牌上的外语，很多情况下是为了突显经营主体的时尚、前卫、国际化等，以此吸引受众的注意力。

图5-33、图5-34均为官方标牌。其中图5-33拍摄于岳麓区麓山南路与阜埠河路交界处，是一块中英文结合的双语街牌，标牌中两种文字均比较醒目。这一区域有多所知名高等院校，汇聚了数万名高校师生，包括留学生和外教群体。图5-33用醒目的文字提示这条街道的名称，具有比较好的信息传递功能。图5-34拍摄于云麓园社区内，是一块中英文结合的双语路牌，汉语为优势语码。因该社区位于中南大学校内，标牌的主要受众为校内的师生群体，汉英双语标牌能满足校内人员的阅读需要，具有较好的信息传递功能。

图5-33 中英文结合的双语街牌

图5-34 中英文结合的双语街牌

图5-35、图5-36均为私人标牌。其中图5-35拍摄于天心区坡子街街道太平街社区内，是一家咖啡店设置的一块营销指示牌，置放在咖啡店落地橱窗旁。标牌由汉英两种文字组成，其中汉语为优势语码。标牌上的文字采用了"我在××很想你"这种流行句式，表明上看为路牌，其实是商家为推销商品而精心设置的宣传牌，以此吸引顾客前来打卡拍照，提高店铺人气，引导顾客进店消费。图5-36拍摄于岳麓区麓山南路中南大学南校区附近，是一家服装店铺的标牌，标牌上方只有一个简单的英文单词"See"组成，没有任何其他提示性文字。很明显，店铺经营者设计这块看起来单一又简朴的标牌，实则是追求新颖，彰显个性，以此引起人们的关注，吸引大家进店消费。

图5-35 某咖啡店设置的营销指示牌　　图5-36 某服装店铺标牌

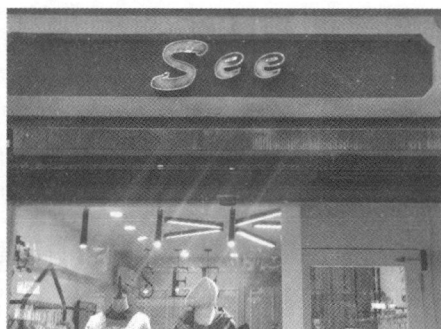

3. 地方政府的语言管理与语言治理

研究发现，中文在长沙市主城区标牌中的出现比例高达98.84%，汉语单语标牌比例达到69.44%。官方设立的标牌中，汉语为优势语码的标牌达99.46%；私人设立的标牌中，汉语为优势语码的标牌达95.06%。即不管标牌设立主体是官方还是私人，以汉语为优势语码的标牌占绝大多数。长沙市标牌语言景观这一特点一方面与汉语是该市重要交际用语有关，另一方面也与地方政府的语言政策有关。

依据政策文本或法律依据的有无，学界将政府的语言政策划分为显性语言政策和隐性语言政策，其中显性语言政策有具体的政策文本或法律依据，隐性语言政策是没有显性政策文本或法律依据，但语言生活中却通过具体的语言实践表征出来的政策。^①有关标牌语言文字的使用规范，国家和地方均通过法律法规的方式做了明确规定。如《中华人民共和国国家通用语言文字法》（2000年）第十三条规定："因公共服务需要，招牌、广告、告示、标志牌等使用外国文字并同时使用中文的，应当使用规范汉字。"《湖南省实施〈中华人民共和国国家通用语言文字法〉办法》（2006年）第十一、十三、十四条规定：公共服务行业的名称牌、标志牌、指示牌等，以及路名、街名、桥名、交通站牌、建筑物名称、企事业单位名称等公共场所设施用字和广告用语用字均应使用规范汉字。^②由此可见，长沙市标牌中汉语的优势地位是国家和地方政府显性语言政策的体现，政府发挥了语言文字管理职能，并在语言实践中引导标牌设立者遵守显性语言政策。与此同时，长沙市标牌语言景观也体现了政府的隐性语言政策，如研究发现有30.56%的标牌为多语标牌，涉及的外语包括英语、日语、韩语、西班牙语、泰语等，但英语的地位远超其他外语，如官方与私人多语标牌中，英语出现的比例分别高达100%、98.56%，日语分别为0.49%、1.01%，韩语分别为5.88%、0.29%，西班牙语分别为0、0.14%，泰语分别为0、0.29%。不难发现，所有多语标牌中，英语均为优势外语，远超其他外语。我们从这一现象实际上可以看出地方政府的隐性语言政策，即将英语看作是解决入湘外籍人员日常交际和体现长沙国际化水平的重要工具。

根据《湖南省实施〈中华人民共和国国家通用语言文字法〉办法》（2006年）第十五条规定，公共场所设施用字和广告用语用字"不得单独使用外国语言文字；确需同时使用外国语言文字的，必须以国家通用语言文字为主、外国

---

① 方小兵.何为"隐性语言政策"？[J].语言战略研究，2021（5）：91-96.

②《湖南省实施〈中华人民共和国国家通用语言文字法〉办法》[EB/OL].(2020-07-30)
   [2023-06-15]. http://www.hunan.gov.cn/hnszf/xxgk/wjk/zcfgk/202007/t20200730_
   20daf3b3-7f4d-4c8f-a71b-4baf3ca7860d.html.

语言文字为辅"。^① 这一规定对于规范标牌用语具有明确的指导意义，有利于公共场所语言文字的规范化。但在调查中我们发现，有少数标牌上只有外语或外语占主导地位的情况。如有34块私人标牌为纯英语标牌，12.57% 的多语标牌语码取向为英语或日语。此外，还有22.14% 的多语标牌在文本互译类型上无有效翻译或转译，这给外语能力比较低下的标牌受众带来阅读困难。这些问题，需要相关部门结合实际情况进行语言治理。

4. 长沙市语言景观的未来走向

作为首批国家历史文化名城，长沙历史悠久，文化底蕴深厚。近年来，随着城市的快速发展和完善，长沙国际影响力日益提升，享有"中国（大陆）国际形象最佳城市""东亚文化之都"、世界"媒体艺术之都"等美誉。^② 伴随着长沙国际化进程的提升，今后将会有越来越多的外籍人员来长沙旅居，因此长沙主城区语言景观的多语化趋势可能会更加突出，语码组合形式将更加多元化。此外，作为一种公共社会语言现象，语言景观不仅为人们提供信息引导服务，也能反映一座城市的文化和语言生态面貌，记载了城市的发展变迁，塑造了城市形象。同时，街头巷尾语言景观的生态面貌，也体现了城市管理部门的公共管理和公共服务水平。在长沙成为新晋网红城市的契机下，城市的游客数量将不断攀升，城市的文化和旅游消费将更加突出，为了给游客提供更好的视觉体验，长沙市主城区特别是太平街历史文化街区、五一广场等网红景点的语言景观将更加丰富和多元化。同时，随着相关部门语言文字督查工作的推进，城市语言治理能力和语言服务水平的提升，长沙市主城区语言景观将更加规范和完善。

---

① 《湖南省实施〈中华人民共和国国家通用语言文字法〉办法》[EB/OL].(2020-07-30)[2023-06-15]. http://www.hunan.gov.cn/hnszf/xxgk/wjk/zcfgk/202007/t20200730_20daf3b3-7f4d-4c8f-a71b-4baf3ca7860d.html.

② 市地方志编纂室 . 长沙概况 [EB/OL].(2020-07-30)[2023-06-15]. http://www.changsha.gov.cn/xfzs/zjmlzs/zsgl/200907/t20090727_5686409.html

二、长沙市城乡语言景观比较

通过对长沙市主城区语言景观的调查研究，我们发现城区语言景观与本书前面各章讨论的乡村语言景观存在一定的异同之处。

（一）城乡语言景观的相同之处

1. 标牌中汉语的使用情况

研究发现，在标牌语码使用情况上，长沙市城区与乡村均以汉语单语标牌为主，其他语种的标牌为辅。其中城区汉语单语标牌（含汉语拼音）比例为69.44%，乡村汉语单语标牌（含汉语拼音）比例达89.03%。此外，从标牌各语种的使用频率来看，城区标牌中汉语的出现比例达98.84%，乡村标牌中汉语的出现比例达100%。

长沙市城乡标牌语码使用情况表明，不管是在城市还是乡村，汉语均为标牌中最常用的景观用语。正如我们前文分析，标牌中汉语的优势地位与汉语作为我国国家通用语言存在密切关系。将汉语作为标牌常用景观用语，不仅符合国家和地方语言文字法律法规，也符合绝大多数标牌受众的语言需求。

2. 标牌中英语的使用情况

调查发现，长沙市多语景观中，英语的出现比例高达98.89%，其中93.33%的标牌为"汉语＋英语"组合的双语标牌；乡村多语景观中，英语的出现比例高达99.30%，均为"汉语＋英语"组合的双语标牌。

多语标牌中英语的使用情况说明，无论是城市还是乡村，英语均为优势外语，且标牌组合形式多为汉英组合的双语标牌。标牌中英语的使用情况与其国际地位密切相关。我们知道，英语作为国际通用语言，在全球范围内有较高的通用度和熟知度。标牌中的外语选择以英语为主，基本能满足来华外籍人员的阅读需要，且也能彰显城市或乡村的国际形象。

3. 多语标牌中的语码取向

统计显示，长沙市城区多语标牌中，语码取向为汉语的标牌占比87.43%；乡村多语景观中，以汉语为优势语码的标牌达100%。城乡多语标牌中语码取向的总体特征表明，汉语在多语竞争中成为优势语言。这与汉语作为国家通用语的地位密不可分，符合国家和地方语言文字法律法规的基本要求，同时也满足了绝大多数标牌受众的阅读需求。

4. 多语标牌中的文本互译情况

统计显示，长沙市城乡多语标牌文本互译类型均呈现出以部分有效翻译或转译为主、其他文本互译类型为辅的总体面貌。城市多语标牌中，有55.62%的标牌采用了部分有效翻译或转译，22.25%的标牌采用了完全有效翻译或转译，其余22.13%的多语标牌采用了两种类型的无有效翻译或转译。乡村多语标牌中，部分有效翻译或转译标牌占80.63%，完全有效翻译或转译标牌占17.96%，其余翻译类型的标牌仅占1.41%。

这表明，在文本互译类型上，城乡多语标牌均重视采用部分有效翻译或转译类型，其次为完全有效翻译或转译，另外两种类型的无有效翻译或转译标牌数量比较少。根据标牌文本互译各类型的特点可知，部分有效翻译或转译、完全有效翻译或转译两种类型的互译标牌对阅读者外语能力要求相对不高，标牌受众即便没有外语基础也不妨碍对标牌信息的理解；而两种类型的无有效翻译或转译标牌对阅读者外语能力要求则比较高，如果标牌受众外语能力低下，则无法准确理解标牌传达的信息。

长沙市城乡多语标牌文本互译类型的分布特征显示，城乡标牌设立者均重视标牌语言的可理解性，尽可能照顾绝大多数人的阅读习惯，因此标牌中的外语多有对应的汉语翻译，标牌语言可接受性整体比较高。

5. 官方标牌与私人标牌语言景观

研究发现，城乡语言景观在不同标牌设立主体上存在一定的相同之处。如在语言组合模式上，城乡官方和私人标牌均以汉语单语标牌（含汉语拼音）为主，多语标牌为辅。在多语标牌语码取向上，城乡两类标牌中语码取向为汉语的标牌均占绝对优势。在文本互译类型上，城乡两类标牌均以部分有效翻译或转译为主，其他翻译类型为辅。在语言景观功能分布上，城乡官方标牌均比较重视标牌的宣传功能，比如宣传国家大政方针、社会主义核心价值观、公民基本道德规范等内容，而私人标牌则比较重视标牌的商业价值，多数标牌为店铺门头招牌。

6. 语言景观构建原则

对长沙市城乡语言景观特点的分析显示，城乡语言景观均重点体现了语言景观构建的三大原则：突显自我原则、充分理性原则和权势关系原则。比如在突显自我原则上，城乡在标牌设计上都比较注重追求标新立异，标牌设立者有意在标牌字体、颜色、字号、语码组合、外形等方面彰显自我，显示与众不同，以此吸引目标受众的注意力，最大限度发挥标牌的信息传递功能。在充分理性原则上，通过对城乡标牌在语码组合、语码取向等方面特点的分析可知，城乡标牌常用景观语言均以汉语为主，其他语言为辅。在多语标牌中，城乡均以英语为优势外语。除了少数标牌为无有效翻译外，城乡绝大多数的多语标牌上均有对应的中文翻译，标牌可阅读性和可理解性均比较高。这说明，不同领域的标牌设立者在追求创新的同时，始终坚持理性满足读者的需求这一原则。在权势关系原则上，无论是城区还是乡村，尽管标牌中涉及多个语种，但汉语的出现频率最高，标牌常用景观用语均为汉语。标牌中汉语的高频率出现，符合汉语作为国家通用语言的身份地位，这是对标牌构建权势关系原则的遵守。

（二）城乡语言景观的差异
1. 标牌语码组合类型

对长沙市城乡标牌统计发现，城乡标牌在语码组合类型上存在比较明显的差异。2588块乡村语言标牌中，汉语单语标牌（含汉语拼音）2304块，占比

89.03%；其余284块为汉外双语标牌，其中"汉语＋英语"标牌282块，"汉语＋维吾尔语"标牌2块。不难发现，长沙市周边乡村语言标牌语码组合类型比较单一，只有汉语单语（含汉语拼音）、"汉语＋英语""汉语＋维吾尔语"三种组合类型，涉及汉语、英语、维吾尔语三种语言，其中英语为唯一外语，维吾尔语为外族语。

对长沙市主城区标牌统计发现，市区标牌语码组合类型比较丰富。2942块标牌累计有10种语码组合类型，分别为汉语单语（含汉语拼音）、英语单语、"汉语＋英语""汉语＋日语""汉语＋韩语""汉语＋维吾尔语""汉语＋英语＋西班牙语""汉语＋英语＋泰语""汉语＋英语＋日语""汉语＋英语＋韩语"等组合类型，涉及汉语、英语、韩语、日语、西班牙语、泰语、维吾尔语等7种语言，其中英语为优势外语。

城乡语码组合类型的比较结果显示，城区标牌语码组合比乡村丰富得多，标牌中外语种类比乡村丰富。城乡语码组合类型上的差异体现了语言景观分布的地理差异。一般而言，城区在地理位置、社会发展、人口分布、交通条件、语言规划等方面明显要优于乡村，这给语言景观设立提供了便利和必要性，客观上导致了城乡语言景观类型上的差异。

2. 标牌中外语使用情况

在外语使用情况方面，城区标牌中有30.52%的标牌使用了外语，这些外语涉及英语、西班牙语、韩语、日语、泰语等语种，不同语言之间构成了8种类型的语码组合。各外语标牌中，英语是使用频率最高的外语，占外语标牌的99.0%，其中"汉语＋英语"组合模式最为常见。在语码取向上，多语标牌中以外语为优势语码的标牌占12.57%。而乡村标牌中有10.90%的标牌使用了外语，所涉及的外语语种只有英语，没有其他外语，均为"汉语＋英语"组合模式。在语码取向上，没有以英语为优势语码的标牌。

城乡标牌中外语使用情况的比较结果显示，城区标牌比乡村标牌更倾向于使用外语，不仅外语种类丰富，语码组合类型较多，而且还有语码取向为外语的情况。城乡标牌在外语使用情况上的差异实际上是城乡差异的体现，一般而言，乡村地理位置比城区偏僻，交通不够便利，经济发展程度远远落后于城区，人口流动不频繁，村民外语能力偏低，外籍人员更少，这些客观特点制约了乡村标牌中外语的使用数量和频率，因此，城乡标牌在外语使用情况上形成了鲜明对比。

3. 多语标牌中的文本互译情况

在文本互译方面，尽管城乡标牌都以部分有效翻译为主、其他翻译类型为辅，但城乡之间依然存在明显区别。比如城市多语标牌中，其部分有效翻译或转译的标牌占55.62%，而乡村则占80.63%，说明乡村更倾向于采用部分有效翻译或转译方式。此外，城市多语标牌中有22.13%的标牌采用了两种类型的无有效翻译或转译方式，其中纯英语标牌占3.78%，而乡村多语标牌中无有效翻译或转译的标牌只有1.41%，没有纯外语标牌。

城乡在多语标牌文本互译类型上的区别表明，乡村标牌的翻译程度更高，标牌的可理解性更强。城乡多语标牌在文本互译类型上的差异实际上是不同地域标牌受众语言能力差异的体现。一般而言，乡村标牌目标受众主要为当地村民，但村民受教育程度普遍不高，外语水平有限，标牌中的外语如果翻译程度不高，会给人们带来阅读障碍，从而影响标牌的信息传递功能。因此，乡村外语标牌在文本互译上往往倾向于选择对外语能力要求不高的完全有效翻译（转译）和部分有效翻译（转译），而避免对外语能力要求较高的无有效翻译或转译方式。而城市刚好相反，其人口流动大，标牌目标受众受教育程度偏高，且还有一定数量的外籍人员，为更好地服务不同受众的阅读需要，并展示城市国际形象，城市外语标牌在文本翻译上会满足部分人群的阅读需要，有意采用无有效翻译或转译方式。

4. 官方标牌与私人标牌语言景观的差异

在标牌设立主体方面，城乡标牌也存在一定的差异。比如在数量分布上，乡村官方标牌占标牌总数的62.29%，而城市官方标牌只占标牌总数的25.02%，表明乡村官方标牌分布更普遍，而城区私人标牌分布更突出。在语码组合方面，城区私人标牌语码组合类型更丰富，涉及汉语（含汉语拼音）、英语、"汉语＋英语""汉语＋韩语""汉语＋日语""汉语＋维吾尔语""汉语＋英语＋西班牙语""汉语＋英语＋泰语"等8种组合类型，而乡村私人标牌只涉及"汉语＋英语""汉语＋维吾尔语"两种组合类型。在语言景观功能上，城乡私人标牌中商铺招牌和海报宣传牌数量均最多，其中乡村占比52.46%，而城区则为60%以上，说明城区私人标牌的商业气息更浓。

以上我们从语码组合、语码取向、文本互译、汉英两种语言的使用情况、语言景观构建原则、不同标牌设立主体等方面分析了长沙市城乡标牌语言景观的异同之处，研究发现城乡标牌均呈现出汉语为主、英语为辅的总趋势。在多语标牌中，绝大多数标牌均以汉语为优势语码。在文本互译类型上，城乡多语标牌均重视采用部分有效翻译或转译类型，其次为完全有效翻译或转译，另外两种类型的无有效翻译或转译标牌数量比较少。在标牌设立主体上，城乡标牌在语言组合模式、语码取向、文本互译类型、语言景观功能等方面均存在一定的共性。在语言景观的构建原则上，城乡标牌均遵循了突显自我原则、充分理性原则和权势关系原则。

但受地理位置、社会发展、人口分布、交通条件、语言规划等因素影响，城乡标牌在语言景观上还存在一定的差异。比如城区标牌语码组合比乡村丰富得多，城区标牌中更倾向于使用外语，不仅外语种类丰富，语码组合类型较多，而且还有语码取向为外语的情况。但在文本互译类型上，乡村多语标牌的翻译程度比城区高，标牌的可理解性更强。在标牌设立主体上，城乡标牌在数量分布、语码组合、语言景观功能等方面存在一定的差异。

三、本章小结

为了更深入地了解乡村语言景观的特点，本章我们采用实证的方法对长沙市主城区语言景观展开拍摄，在对2942块语言标牌统计分类的基础上，我们对长沙市主城区语言景观展开了分析，并对城乡标牌语言景观的差异进行了对比。研究发现：

第一，长沙市主城区标牌语码组合类型比较丰富，共产生了10种组合类型，但汉语单语标牌（含汉语拼音）比例最高，达69.44%。从各语种使用频率来看，汉语是标牌最常用景观用语，有98.84%的标牌中有汉语，而英语是出现频率最高的外语，30.22%的标牌中有英语。

第二，长沙市多语标牌在语码取向上以汉语为主（87.43%），英语为辅（12.35%），日语最少（0.22%）。这说明，在多语竞争中，汉语始终是强势语言，而英语为优势外语。

第三，长沙市多语标牌在文本互译上以部分有效翻译或转译为主（55.62%），其次为完全有效翻译或转译（22.25%），数量最少的为两类无有效翻译或转译（合计22.14%）。这说明，长沙市外语标牌的翻译程度比较高，标牌设立主体考虑到了绝大多数人的外语能力现状，尽可能照顾大多数标牌受众的阅读习惯。

第四，在标牌设立主体上，城区私人标牌数量多（74.98%），官方标牌数量少（25.02%）。但不同设立主体的标牌均以汉语单语标牌为主，多语标牌为辅。相对而言，官方多语标牌组合模式没有私人标牌丰富。在语码取向上，绝大多数的官方与私人多语标牌均以汉语为优势语码，少数标牌以英语或日语为优势语码。相比而言，官方标牌中语码取向为外语的比例要低于私人标牌，如官方多语标牌中，98.04%的标牌语码取向为汉语，1.96%的标牌语码取向为英语。私人多语标牌中，84.32%的标牌语码取向为汉语，15.4%的标牌语码取向为英语，其余0.29%的标牌语码取向为日语。在文本互译类型上，官方与私人多语标牌中部分有效翻译或转译的标牌最多，其次为完全有效翻译或转译，两种类型的无有效翻译或转译标牌最少。这表明，官方与私人均比较重视标牌语言文字的可读性，尽量满足多数人群的阅读需要。但相比而言，官方标牌中无有效翻译标牌低于私人，说明官方比私人在文本互译类型上更加注重对受众阅读能力的考量。

第五，在标牌功能类型上，城区标牌分布在门牌、路名牌、站牌、建筑名牌、商铺招牌、机构名牌、广告牌、宣传海报、警示牌、信息牌等10个小类，其中商铺招牌最多（46.91%），其次为广告牌和宣传牌（28.99%）、信息牌（10.10%），其余标牌数量累计只有10.37%。城区标牌功能类型分布表明，长沙市主城区相关街道个体经济比较发达，商业气氛浓厚，因此店铺招牌和广告宣传类的标牌数量多。

第六，在语言景观构建原则上，城区标牌遵循了突显自我原则、充分理性原则和权势关系原则。其中突显自我原则在私人商铺标牌中表现得尤为明显，经营者为了吸引目标受众的注意力，在标牌设计上求新求异，极力彰显自我。充分理性原则表现在以汉语为标牌最常用景观用语，以英语为优势外语等方面。权势关系原则通过标牌中汉语的优势地位体现出来。长沙市标牌语言景观在汉语与外语分布上的特点一方面与汉语是该市重要交际用语有关，另一方面也与地方政府的语言管理与语言治理有关。

第七，城乡语言景观调查显示，不同地理分布上的语言景观存在明显的异同之处。相同之处表现在：不管是在城市还是乡村，汉语均为标牌中最常用的景观用语，在多语竞争中成为优势语言；其他语种中，英语成为优势外语，且标牌语码组合形式以"汉语＋英语"组合的双语标牌为主；文本互译类型均呈现出以部分有效翻译或转译为主、其他文本互译类型为辅的总体面貌；从标牌设立主体来看，城乡标牌在语言组合模式、语码取向、文本互译类型、语言景观功能等方面均存在一定的共性，比如城乡官方标牌与私人标牌均以汉语单语标牌为主，其他语种的标牌为辅。语码取向上汉语均有绝对优势。文本互译类型均比较重视部分有效翻译或转译，其次为完全有效翻译或转译，无有效翻译的标牌数量较少。语言景观功能上，城乡官方标牌均比较重视标牌的宣传功能，而私人标牌则比较重视标牌的商业价值，多数标牌为店面门头招牌。城乡语言景观均重点体现了语言景观构建的三大原则：突显自我原则、充分理性原则和权势关系原则。但受地理位置、交通条件、人口分布、社会发展等因素影响，城乡语言景观还存在一定的差异。比如在语码组合类型上，城区标牌语码组合类型比较丰富，而乡村比较单一；在外语使用方面，城区比乡村更倾向于使用外语，不仅外语种类丰富，而且还有语码取向为外语的情况；在文本互译类型上，乡村外语标牌的翻译程度比城区更高，标牌的可理解性更强；在标牌设立主体方面，城区官方标牌数量少（25.02%），乡村官方标牌数量较多（62.29%），表明乡村官方标牌分布更普遍，而城区私人标牌分布更突出。城区私人标牌语码组合类型更丰富，涉及8种组合类型，而乡村私人标牌只有两种组合类型。此外，在语言景观功能分布上，城区私人标牌的商业气息更浓。

第六章　乡村语言景观的规范化

2017年10月，十九大报告首次提出乡村振兴伟大战略，主张"要坚持农业农村优先发展，按照产业兴旺、生态宜居、乡风文明、治理有效、生活富裕的总要求，建立健全城乡融合发展体制机制和政策体系，加快推进农业农村现代化。"[①] 在乡村振兴过程中，公共空间的语言景观不容忽视。本章将在以上各章讨论的基础上，探讨乡村语言景观规范存在的问题、乡村语言景观规范的原则及具体路径。

一、乡村语言景观的不规范之处

总体而言，乡村语言景观具有鲜明的地域特色，基本符合国家和地方语言文字法律法规，发挥了标牌的信息功能和象征功能，为村民提供了便利，同时又美化了乡村形象。但调查过程中我们也发现，少数标牌存在以下几个方面的问题。

（一）标牌语言文字不规范

《湖南省实施〈中华人民共和国国家通用语言文字法〉办法》中明确规定：国家机关、公共服务行业等的名称牌、标志牌、指示牌必须使用规范汉字，

---

① 习近平. 决胜全面建成小康社会 夺取新时代中国特色社会主义伟大胜利：在中国共产党第十九次全国代表大会上的报告 [EB/OL].（2017-10-27）[2023-06-15]. http://www.gov.cn/zhuanti/2017-10/27/content_5234876.htm.

不得使用已被废除的繁体字、异体字、错别字。但调查中发现，有少数乡村标牌在语言文字规范化上尚需要进一步完善。有的标牌存在错别字、繁简字共用现象，如学华村安置小区内有的手写体简易私人标牌将"学士小区"误写为"学土小区"，将"仓库禁停"写成了"仑库禁停"。静慎村的"乡贤广场"四个字既有简体中文版，也有繁体中文版，该村马路边"诚信屋场"这块石制标牌也用繁体字书写。

少数标牌还存在翻译不规范现象。如学华村的村名，有的标牌用英语"XUE HUA VILLAGE"，有的标牌又用汉语拼音"XUE HUA CUN"表示；有的双语标牌上单词与单词之间停连不当，如浏阳坪头村的一块环保宣传牌上"world environment"两个单词之间停连不当；有的标牌字母大小写不当；有的汉英翻译不一致，比如浏阳坪头村土岭屋场入口处的宣传牌上英文翻译与对应的中文不一致，静慎村将男厕所翻译为：REST ROOMS-MEN，女厕所被翻译为：RESTROOMS-WOMAN，且前一个翻译词语之间有停顿，后一个翻译无停顿；乡贤广场将"中国梦 复兴梦"翻译为 Chinese dream revival dream；有的英语翻译没必要，比如大龙村中国梦宣传牌旁还对"中国梦"进行了翻译：China Dream，"移风易俗宣传线"标牌上还对"宣传线"进行了翻译，但"移风易俗荣誉线"标牌上又对"荣誉"进行了翻译。

此外，还有的标牌汉字书写顺序不一致，例如有的文化墙上的汉字从左往右书写，有的从右往左书写。

（二）标牌被遮挡

有些放置在马路边或村民宅基地旁的标牌被周围的花草树木或堆放的杂物遮挡，导致标牌内容看不全，影响标牌信息功能的发挥。如图6-1、图6-2所示。由于两块标牌周围的花草树木比较茂盛，遮挡了标牌上的部分文字，导致行人无法看清楚标牌上的信息，不利于发挥标牌的信息功能。

图6-1　被花草遮挡的某交通安全横幅　　图6-2　被树木遮挡的某交通警示牌

（三）标牌字迹不清晰、破损、有污渍

调查中我们发现，有些标牌在经历了长期的风吹日晒以后，标牌颜色变淡了，字迹不够清晰；有的标牌出现了破损现象，也有的标牌上有污渍。如图6-3、图6-4所示。

图6-3　字迹模糊、墙体破损的文化墙　　图6-4　破损的道路指示牌

图6-3实际上为一块宣传环境保护的文化墙，由于长期风吹日晒，文化墙上书写的蓝色汉字脱落很多，字体颜色也变淡，标牌内容不完整。图6-4是几块道路指示牌，其中"学舍路"这块标牌没有固定好，或是由于摆放时间较长，固定按钮脱落，标牌倒垂，不利于标牌信息功能的发挥。

（四）标牌越轨放置

根据场所符号学理论，标牌置放有三种情况：去语境化放置、越轨式放置、场景化放置，其中越轨式放置指标牌出现在不该出现的位置。[①] 调查中发现，乡村标牌以去语境化放置和场景化放置为主，但也存在少数越轨式放置的情况。比如有的标牌被随意悬挂在路边的树枝上，或堆放在墙角，或张贴在建筑物外墙、电线杆、宣传栏上。有的超市宣传栏上甚至张贴了数张不同类型的标牌，比较杂乱，不利于标牌信息功能的发挥。

图6-5　随意悬挂在路边树枝上的私人标牌　　图6-6　随意悬挂在路边树枝上的私人标牌

　　图6-5与图6-6均为私人标牌，标牌内容分别为出售散养土鸡和新鲜辣椒。两块标牌均用木质材料手工制作，用铁丝悬挂在马路边的树干上，标牌设立者制作这块标牌有比较明显的宣传意图，通过这种方式制作的标牌宣传成本低，且容易吸引过往行人的关注。但这类私人标牌置放的位置比较随意，属于越轨式置放。

（五）标牌材质和书写简陋

　　调查过程中我们发现，乡村标牌中多数标牌书写材质比较耐用，多为印刷体，但也有少数私人标牌比较简陋，标牌材质为小黑板或硬纸壳，手写体，这类标牌制作起来简单省事，成本低，但显得比较随意。

　　图6-7、图6-8两块标牌均属房屋出租类的私人标牌，其中图6-7用木板材料制作而成，书写工具为毛笔，图6-8用小黑板制作而成，书写工具为粉笔，两

---

① 尚国文，赵守辉.语言景观研究的视角、理论与方法 [J].外语教学与研究,2014（2）：214-223，320.

块标牌上的文字均为手写体。两块标牌制作材料和书写方式均比较简陋，耐用性不强。特别是图6-8用粉笔书写，随时有被擦除的可能。

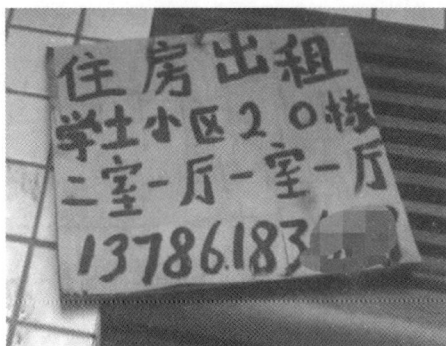

图6-7　木板制成、毛笔书写的私人标牌　　图6-8　用粉笔写在小黑板上的私人标牌

（六）标牌内容与经营范围不一致

调查中发现，有的私人店铺已转让或经营范围已转向，但原有标牌尚未拆除，导致新旧标牌同时存在。如学华村梧桐大道一侧的一家店铺挂了两块标牌，一块为"菜鸟驿站"，另一块为"萬圆二手车行"，但二手车行这款标牌实际上属于转让前店铺经营的范围，需拆除。同样，该区域内一家理发店的门头上还悬挂着干洗衣服的标牌。这些私人店铺已转让或经营范围已转向，但原有标牌尚未拆除，导致店铺门头存在两块标牌，不利于标牌信息功能的发挥。

乡村标牌存在的相关问题原因比较复杂，有的归因于标牌设立主体语言文化修养不高，毕竟在乡村范围内村民受教育程度普遍低于城区，一些私人标牌设立者自身语言文化水平有限，不能正确规范地使用国家语言文字，因此导致标牌中有错字、别字、繁体字滥用、翻译不对应等情况；有的是标牌后期维护与监管力度不够，比如一些标牌在经历长期的风吹日晒之后会出现字迹不清晰、破损、有污渍等情况，这需要标牌设立者及时维修、更换或清洁；有的是标牌设立主体出于经济节省的目的。在乡村场域内，受经济发展水平限制，部分标牌设立主体在标牌设计上更加考虑成本投入情况，追求经济节省原则。比如有村民想对外出售土特产或自家房屋，但又不愿意花钱制作专业的标牌，于是便通过自制标牌的形式对外宣传，这类标牌往往制作材料简易，书写工具简陋，置放场所比较随意。乡村标牌存在的问题需要我们结合原因进行有针对性的规范与治理。

二、乡村语言景观规范化的原则

（一）和谐原则

1.语言和谐观的产生历程

语言规范工作都是在一定的规范理念指导下进行的。回顾我国语言规范观的演进不难发现，中国的语言规范观经历了三个发展阶段：第一个阶段，雅正观。雅正观强调语言运用合乎雅言，且在汉字的形音义等方面均正确无误。这种观念的提出是封建社会士大夫阶层对书面语言的要求，实际上反映了特权阶层对语言文字的垄断。雅正观始于先秦两汉时期，一直主导整个封建社会。这种观念的长期推行，忽视了语言生活的发展变化，导致言文脱离。第二个阶段，纯洁观。新中国成立后，党和国家非常重视语言文字工作。1951年6月6日，《人民日报》刊发社论，呼吁"为祖国语言的纯洁和健康而斗争"[①]。在语言纯洁观的指导下，这一时期我们国家的语言规范重在"匡谬正俗"，同时部分语言文字工作者和知识分子将社会上的新生语言现象看作不规范现象，并自觉进行抵制。但随着社会的快速发展，新生语言现象如雨后春笋般涌现，部分专家提倡的语言纯洁观并没有完全实现。实际上，语言纯洁观将语言看作静态的事物，忽视了语言的动态发展特点，由匡谬正俗走向了矫枉过正，语言规范走向了教条化、僵硬化的道路。第三个阶段，和谐观。1997年12月，时任国家语委主任的许嘉璐先生在全国语言文字工作会议报告中强调："语言文字的发展变化和相对稳定是其内在特性，开展规范化、标准化工作是语言文字健康发展的必然要求。既不能放任自流，无所作为；也不能简单化，'一刀切'，搞纯而又纯。

---

① 佚名.正确地使用祖国的语言，为语言的纯洁和健康而斗争![N].人民日报,1951-06-06.

尊重语言文字自身发展规律，还要求我们正确处理好语言文字主体化和多样化之间的关系。"①这份报告反映了官方在语言规范观上的重要变化，相比于前期对语言纯洁性的追求，这份报告明确要求尊重语言发展规律，反对以语言纯洁为目标进行"一刀切"。随着社会生活的复杂变化，人们越来越意识到，语言生活的多元化发展将是不可阻挡的趋势，现实生活中纯而又纯的语言不可能实现。与其抵制新生语言现象，不如坦然接受，对其进行理性分析和探究。同时，倡导各语言和方言之间的和谐共生。语言规范的和谐观得到了社会的广泛认可，有研究者评价其"承认和尊重人们的语言权，更加人性化，符合中国传统文化中和而不同的哲学理念，有利于促进社会的和谐融合，减少语言冲突。另一方面，和谐语言规范观并不是对语言放任自流，实际上和谐语言规范观也践行了隐性语言政策的观点和做法。"②

2. 语言景观和谐的分析维度

回顾我们国家在语言规范观上的演变不难发现，从早期的雅正观到近期的纯洁观和当前的和谐观，反映了人们对语言文字规范的理性认识和科学对待。当前我们国家正处于乡村振兴的重要时期，要在产业、人才、文化、生态、组织等方面全面实现乡村振兴，离不开和谐的语言景观。陈睿从本体、个体、自然、民族、社会、国家六个维度分析了城市语言景观蕴含的和谐理念，③作为公共空间的语言呈现，乡村语言景观同样也蕴含着和谐理念。

比如在本体维度，乡村语言标牌在语言内部各要素上也要遵循和谐的理念，标牌上的语音、文字、词汇、语法、语义、语用等语言要素共同决定语言

---

① 许嘉璐. 开拓语言文字工作新局面，为把社会主义现代化建设事业全面推向21世纪服务：在全国语言文字工作会议上的报告(1997年12月23日)[J]. 语文建设，1998（2）：4-11.

② 李英姿. 和谐语言生活视角下的语言规范观[J]. 北京科技大学学报，2017（3）：20-25.

③ 陈睿. 城市语言景观和谐六维透视[J]. 江淮论坛，2016（5）：155-159.

景观的和谐程度，此外标牌上还有图像、颜色、动画等非语言符号也与语言要素共同表义，语言要素和非语言要素通过多模态的方式传递着和谐的理念。比如有研究者发现，广州城中村语言标牌中有比较丰富的地域文化词，且词语通俗易懂，外地地名用词比较常见，由此判断城中村农民工居民的地域身份认同情况。[①]

在个体维度，标牌设立者创设语言标牌的动机、意图以及语言选择情况，标牌受众对语言景观的主观评价和认知等都属于个体维度上的考量因素。比如，有的私人标牌为吸引目标受众的关注，在标牌语码选择、文本互译、语码取向、标牌材质、标牌置放以及语言要素配置等方面努力追求与众不同，实现标牌功能的最大化，以期获得预期经济效益。有的私人标牌甚至还通过问卷调查、个体访谈等形式了解受众对语言标牌的主观感知和认可，并对其进行理性分析。我们前文对乡村语言景观的调查也发现，乡村标牌在语码选择上存在比较明显的单语化趋势，双语标牌数量有限，且英语成为唯一外语。在文本互译类型上，也以部分有效翻译（转译）和完全有效翻译（转译）为主体。乡村标牌的以上特点，实际上是标牌设立者充分考虑了目标受众的阅读需求而做出的选择，其目的是尽可能照顾和满足绝大多数人群的阅读需求。因此，在个体维度，乡村标牌基本遵循了语言景观的和谐原则，这种和谐的乡村语言景观对于维系良好的语言生态和人际关系具有重要意义。

在自然维度，语言景观主要体现人与自然的和谐统一。尽管乡村语言景观在数量上不及城市语言景观，但也能产生一定的视觉效应，在特定的空间集体呈现而形成某种独特的视觉效果。比如对长沙市周边乡村语言景观调查发现，乡村官方标牌中宣传类的标牌比较突出，并且多位于乡村中心地带，比如静慎村的乡贤文化广场、大龙村的苏蓼垸农业公园、坪头村的华山屋场、新明村的有机健康谷、学华村的农趣谷郊野公园等场所均有大量官方标牌，内容非常丰

---

① 刘慧.城中村语言景观与农民工身份认同研究：以广州石牌村为例[J].语言战略研究，2020（4）：61-72.

富，且用图文并茂多模态的方式宣传党和国家大政方针、二十四字社会主义核心价值观、村规民约、家庭美德、社会公德等。这些色彩鲜艳、做工精美的乡村宣传牌与乡村美丽、清新的自然景观融为一体，不仅美化了乡村形象，对村民也具有较好的教育功能，在乡村公共活动区域产生了较好的视觉效果，实现了人与自然的和谐统一。

在民族维度，语言景观要维护民族团结，各民族语言在相互竞争和影响中保持和谐共生。我国是一个多民族国家，当前我们国家的语言政策是坚持语言统一与少数民族语言平等两条原则，充分尊重少数民族的语言文字权利。语言景观是公共空间的语言呈现，标牌上的语码分布状况能反映不同语言的身份、地位、权势关系，特别是在民族自治地区，标牌语言景观能反映少数民族语言与国家通用语言文字之间的共生关系。就乡村而言，本次调查的对象为长沙市周边的美丽乡村，其主要聚居的族群为汉族，因此标牌中汉语占绝对优势，但在学华村的私人标牌中也发现了2块"汉语＋维吾尔语"组合的双语标牌，这与该商铺店主的少数民族身份有关。此外，长沙市乡村语言景观中除了汉语单语标牌外，还存在少量"汉语＋英语"组合的双语标牌，但在语码取向上汉语为优势语言。长沙市乡村标牌中汉英语言的运用情况实际上反映了两种语言的竞争关系，标牌中汉语的优势地位是汉语作为我国国家通用语权势的体现，这与我们国家的语言政策和语言环境基本吻合。

在社会维度，语言景观是特定区域的重要象征，能展示社会在政治、经济、文化、科技等方面的发展情况。有研究者认为："语言景观记载着城市的发展变化。从城市出现开始，语言景观就一直如影随形，见证并助推人类城市文明的发展。语言景观的华丽变迁是城市现代化的外在表征，也从一个侧面体现了城市的经济社会发展水平和管理者的治理能力。"[①] 在乡村语境下，语言景观与社会之间依然存在这种重要关系。比如透过乡村语言景观中的语码分布情况，

---

① 高莉，戴曼纯 . 语言景观与城市的互动 [N]. 光明日报 ,2022-11-27（05）.

人们可以窥探乡村的国际化程度，一般而言，标牌中多语种数量越多，乡村国际化程度越高。同样，田间地头设置的巨幅宣传牌和村民活动中心周围悬挂的各类宣传标牌一方面是服务于村民，方便信息传递和宣传教育，另一方面也反映了地方政府对乡村建设和乡村发展的重视，是乡村治理的有机组成部分。特别是近年来，随着党中央和中央政府对"三农"工作的重视，广大农村变得越来越美，农民口袋越来越鼓，农业产业化发展越来越好。农村的这些新变化，在语言景观中应该得到充分体现。比如我们在对果园镇新明村的语料调查中就发现，该村产业化发展比较突出，有机农业品种多，规模大，专业性强，该村产业发展上的优势在双语标牌分布上有明显体现，是本书调查的5个乡村中双语标牌数量最高的乡村。

在国家维度，语言景观与国家相关部门的语言决策和意识形态存在关系。比如本世纪初，我们国家出台了《中华人民共和国国家通用语言文字法》（2000），这是我国第一部专门的语言文字法规，以法律的形式确定了普通话和规范汉字的地位。该法第三、十三条分别规定："国家推广普通话，推行规范汉字。""因公共服务需要，招牌、广告、告示、标志牌等使用外国文字并同时使用中文的，应当使用规范汉字。"[①]这份文件出台以后，各地方先后颁布了实施该文件的相关规定，比如《湖南省实施〈中华人民共和国国家通用语言文字法〉办法》（2006）第十一、十三、十四条规定：公共服务行业的名称牌、标志牌、指示牌等，以及路名、街名、桥名、交通站牌、建筑物名称、企事业单位名称等公共场所设施用字和广告用语用字均应使用规范汉字。第十五条补充强调：以上三条规定的各类情形中"不得单独使用外国语言文字；确需同时使用外国语言文字的，必须以国家通用语言文字为主、外国语言文字为辅。"此外，《长沙市户外招牌设置管理规范》（2014）也对公共场所标牌语言文字使用作了明确规定。在国家和地方相关文件的指引下，公共领域的语言景观理应遵

---

① 中华人民共和国国家通用语言文字法 [EB/OL].（2005-08-31）[2013-06-15].http://www.gov.cn/ziliao/flfg/2005-08/31/content_27920.htm.

守相关部门的语言决策和规定，避免违反语言文字法。本书对乡村语言景观的调查发现，乡村标牌在语码选择和取向上基本遵守了国家和地方法律法规，但城区存在一定的差异。比如长沙市中心城区有少数多语标牌上语码取向为外语，或标牌只由一种外语组成而缺乏任何汉语翻译的情况，标牌设立者创制这种类型的标牌显然忽视了国家和地方对外语标牌的管理规定，人为造成受众阅读困难，不利于社会和谐。

（二）柔性原则

柔性相对于刚性而言，强调灵活性、变通性。近年来，随着新生事物的蓬勃发展，语言生活发生了翻天覆地的变化，网络用语、新词语、流行语等新生语言现象越来越常见。对待这种新生语言现象，越来越多的研究者提倡用柔性原则进行规范，承认中间状态，反对盲目进行"一刀切"。语言景观作为公共语言生活的重要组成部分，在规范过程中也离不开柔性原则。

1. 柔性原则的基础

我们提倡语言景观规范需要柔性原则，这是由语言本身的性质和语言交际双方的特点所决定的。

(1)语言符号的任意性

现代语言学之父索绪尔在《普通语言学教程》中提出了"符号"这一术语，认为符号是能指与所指的任意结合。语言是一种符号，因此其能指（音响形象）与所指（概念）之间也具有任意性。并分别以法语中"姊妹"的音义结合、"牛"与其他语言的对比来论证语言符号的任意性。[1] 在《第三度普通语言学教程》中，索绪尔明确表示："关系将某个特定的听觉印象与某个确定的概念连接起来，并赋予它符号的价值，这是个彻底任意的关系。"[2] 索绪尔语言符号的任意性原

---

① [瑞士] 索绪尔. 普通语言学教程 [M]. 高名凯，译. 北京：商务印书馆，2010.

② [瑞士] 索绪尔. 第三次普通语言学教程 [M]. 屠友祥，译. 上海：上海人民出版社，2007.

则引起了学界的高度关注，英国语言学家 L.R. 帕默尔评价语言符号的任意性是"语言学理论的拱门顶石"，"在绝大多数例子里，即使最坚定的浪漫主义者都不能找出语音和词义之间有必然的关联。这就是基本的事实，是语言科学之建立必须依赖的基础——声音和意义关联的任意性。"[①] 胡剑波认为任意性原则不仅是语言符号的属性，也是非语言符号的属性，"但凡是符号系统都将受到任意性这个头等重要的原则的支配"。[②]

索绪尔有关语言符号任意性原则的观点对于语言景观规范有重要的启发意义。既然形式与意义之间是老百姓约定俗成的，二者没有本质、必然的联系，那么我们在确定语言景观现象的规范与否时，不能完全依照语言学家所提倡的理性原则来衡量，或者在面对新生语言现象时不能照搬学理依据，而要结合人们的实际使用情况来判断。

(2)语言符号的动态发展性

从本质上讲，语言符号是动态发展的，静止只是暂时相对的。经过数十年的发展，人们越来越发现，在语言变异过程中，总有一部分语言现象经历了从不认可到逐渐认可的转变，人们把这种现象叫"习非成是"（亦或"积非成是"）。这种"习非成是"的语言现象，在汉语语音、词汇、语法、汉字等语言要素中都留下了印记。比如语音方面，用今音代替古音，如"彗星"中的"彗"旧读作"sui^{51}"，今读作"hui^{51}"，目前今音成为规范音；受偏旁影响而形成的误读，如"荨麻疹"中的"荨"原读作"qian^{55}"，但人们根据其偏旁"寻"而读作"xun^{35}"，久而久之，误读音成为了规范音。在词汇方面，如用"熊猫"取代"猫熊"，"毕恭毕敬"取代"必恭必敬"，"每况愈下"取代"每下愈况"等，这些词语中前者曾经都是不规范写法，后都成为规范了。在语法方面，"打扫卫生""养病""恢复疲劳"等这些曾经不被认可的语言现象如今都成为了规范

---

① [英]L.R. 帕默尔 . 语言学概论 [M]. 李荣，王菊泉，周流溪，等，译 . 北京：商务印书馆，2013.

② 胡剑波 . 论索绪尔任意性原则的层次性 [J]. 湘潭大学学报，2021（1）：186-192.

用法。在汉字方面，"混账"取代了"混帐"，"蝴蝶"取代了"胡蝶"等，都属于汉字中的积非成是现象。

以上积非成是的例证表明，随着语言生活的发展，有些新生语言现象经历了一段时间的过度状态后，会被人们认可，最终变成规范现象。鉴于此，我们的语言景观规范也应坚持柔性规范，不能"一刀切"。

(3)语言现象的群众基础

在语言发展过程中，人民群众是语言运用的主体和受众，发挥着推波助澜的作用，在某种程度上决定着语言现象的未来走向。以繁体字使用为例，本世纪以来，国家和地方对繁体字使用场合做了明确规定。《中华人民共和国国家通用语言文字法》规定的繁体字和异体字保留或使用的场合包括以下六个方面：（一）文物古迹；（二）姓氏中的异体字；（三）书法、篆刻等艺术作品；（四）题词和招牌的手书字；（五）出版、教学、研究中需要使用的；（六）经国务院有关部门批准的特殊情况。①《湖南省实施〈中华人民共和国国家通用语言文字法〉办法》第七、十一、十三、十四条明确规定公共场所均应使用规范汉字。不难发现，国家和地方语言文字法中对公共场所繁体字的使用有极其严格的限制。

但在现实生活中，我们不难发现，繁体字现象还存在一定的群众基础，即老百姓的认可度比较高。齐沪扬等曾对上海浦东新区商业广告中的繁体字使用情况进行了调查，研究发现有43.9%的被试者对目前商业广告中简繁字混用的现象持肯定态度。②当前公共场所繁简混用现象依然存在。以本书调查的浏阳市永安镇坪头村的语言标牌为例，该村多个美丽屋场入口的石制门牌均由繁简混合字构成，如"丰术屋场"被写作"丰术屋場"，"华山屋场"被写作"華山

---

① 中华人民共和国国家通用语言文字法 [EB/OL].（2005-08-31）[2013-06-15].http://www.gov.cn/ziliao/flfg/2005-08/31/content_27920.htm.

② 齐沪扬，王敏敏.上海浦东新区商业广告中繁体字使用情况的调查 [J].语言文字应用，1999（3）：47-54.

屋场""上新屋场"被写作"上新屋場"。此外，村里的祭祀点"闽王宝殿"被写作"閩王寶殿"，乡村文化墙上的"弘扬法治精神，推进依法治国"被写作"弘揚法治精神，推進依法治國"，"发展体育运动，增强全民体质"被写作"發展體育運動，增强全民體質"，二十四字核心价值观也多由繁简字组合。此外，村头的"永顺商店"被写作"永順商店"，"三合园增秀"被写作"三合園增秀"。这表明，该村不仅私人标牌出现繁简混用现象，官方标牌也不例外。

按照国家和湖南省语言文字法律法规对繁体字使用的相关规定，乡村语言景观中的繁简混用现象明显违背了语言规范准则，属于不规范的语用现象，应该被纠正。但众多语用实例表明，繁体字的使用有一定的群众基础。公共场所繁体字的群众基础与繁体字本身的语用功能及使用者的审美等因素存在一定关系。我们都知道，繁体字历史悠久，很多繁体字蕴含着古人的造字智慧和思想，有着丰富的文化内涵。从主观心理上讲，标牌设立者在标牌制作中采用繁体字，有刻意追求典雅、彰显内涵的表达心理；从审美上看，反映了标牌设立者对繁体字审美内涵的认可。

尽管公共语言生活中繁体字还有一定的群众基础，但我们应知道，社会对繁体字的使用还存在比较大的争议，比如2013年因香港某艺人微博言论影响，"汉字繁简之争"成为该年度热度最高的语文事件。[①] 有关繁简字之间的关系，谢俊英认为："简化字和繁体字并不是非此即彼的对立关系，同为汉字的两种字体，使用繁体字或简化字，视对象、场合、领域、区域等而定，对个体而言，繁简由之，有利于形成和谐社会语言文字生活。"[②] 因此，在语言生活快速发展的今天，审美主体的多元化追求越来越明显，面对语言景观中繁简混用现象，我们在语言景观规范中应坚持柔性原则，根据标牌中繁体字使用的场合、受众、目的、效果等因素进行综合评判，防止"一刀切"。

---

① 杨玉红.《汉字繁简之争》成最热语文事件 [EB/OL].（2013-12-30）[2023-06-15]. https://news.sina.com.cn/o/2013-12-30/130129119229.shtml.

② 谢俊英.舆情视角下的香港繁简汉字问题分析 [J]. 语言文字应用，2017（1）：41-50.

2. 柔性与刚性之间的关系

如果说语言规范的柔性强调灵活变通性的话，那么刚性则强调规范的强制性、规定性。柔性与刚性相对而言，二者在语言规范活动中密不可分。

李宇明将语言规范的等级划分为 A、B、C、D、E 五种等级，分别为：A）法律法规；B）强制性规范；C）推荐性规范；D）学术蓝本；E）社会共识。五种规范等级中，A、B 属于强制性规范，C、D、E 属于示范性规范。该文认为"语言规范最本质的特点是示范性，强制性是相对的。"[①] 语言规范的强制性与示范性实际上反映了刚性规范与柔性规范二者之间的关系。具体而言，这种相对关系表现在以下几个方面：

（1）刚性规范中也有柔性的一面

通常情况下，国家和地方语言文字法律法规由政府部门负责制定并颁发，一旦面向社会发布，就会对广大群众产生法定约束力，因此，这种规范具有明显的刚性特点。但对语言文字法律法规的研读我们发现，刚性规范中也有柔性的一面。众所周知，《中华人民共和国国家通用语言文字法》是我们国家语言文字方面的最高法律，其第二章对语言文字使用有明确规定，具有明显的强制性，属于刚性规范。但第三章有关监督方面的条款则具有变通性，属于柔性规范。比如第二十六条规定对违反该法的处罚措施界定为"公民可以提出批评和建议"，"城市公共场所的设施和招牌、广告用字违反本法第二章有关规定的，由有关行政管理部门责令改正；拒不改正的，予以警告，并督促其限期改正。"[②] 同样，《湖南省实施〈中华人民共和国国家通用语言文字法〉办法》第二十二至二十四条对违反本规定相关情形的处罚措施也多为"批评教育或进行

---

① 李宇明. 语言规范化的时代必要性及须重视的若干关系 [J]. 辞书研究,2020（5）：1-10.

② 中华人民共和国国家通用语言文字法 [EB/OL]. （2005-08-31）[2013-06-15].http://www.gov.cn/ziliao/flfg/2005-08/31/content_27920.htm.

培训""岗位调整""通报批评""责令整改""限期整改"等。[①]与其他法律文本的惩戒规定相比，国家和地方语言文字法规的惩戒措施更趋柔性。

（2）柔性规范一旦被纳入法律法规，就会成为刚性规范

新时期以来，随着社会生活的复杂变化，人们的语言生活也随之变迁，其中词汇方面的变化表现得尤为明显，已成为社会发展的晴雨表。如在公共语言生活中，有人通过谐音、故意写错字等方式人为更改词语的原有写法，以此实现含蓄、委婉、幽默等表达效果。比如在广告宣传领域，"随心所欲"被写作"随心所浴"（浴室广告）、"无懈可击"被写作"无鞋可及"（鞋子广告）、"领先一步"被写作"领鲜一步"（海鲜广告）、"爱不释手"被写作"爱不湿手"（洗衣机广告）、"晋善尽美"被写作"晋善晋美"（山西旅游宣传口号）等，人们通过谐音等方式改变原有四字格的固定写法，给消费者营造一种似曾相识的主观感觉，最大限度地发挥广告营销的作用。

按照语言规范的柔性原则，社会对这种新现象应给予一定的开放和包容，但不可否认的是，大量的谐音广告给人们的语言生活带来了一定的负面影响，尤其是不利于广大青少年群体的语言学习。于是2003年国家广电总局下发了《广播电视广告播放管理暂行办法》（国家广播电影电视总局令第17号），其中第十三条明确规定："广播电视广告应当使用规范的语言文字，不得故意使用错别字或用谐音乱改成语。除注册商标及企业名称外，不得使用繁体字。"[②]这份规章的发布对广播电视等媒介语言文字应用有明显的约束性，属于强制性规范。

再比如，2017年以前，我们国家在公共服务领域的英文译写方面多为示范性规范，缺乏强制性。但2017年11月《公共服务领域英文译写规范》发布以后，

---

① 湖南省实施《中华人民共和国国家通用语言文字法》办法 [EB/OL].（2006-10-10）[2013-06-15].http://jyt.hunan.gov.cn/jyt/sjyt/xxgk/zcfg/flfg/201702/t20170214_3989955.html.

② 广播电视广告播放管理暂行办法 [EB/OL].（2003-12-05）[2013-06-15].http://www.moj.gov.cn/pub/sfbgw/flfggz/flfggzbmgz/200312/t20031205_143542.html.

交通、旅游、文化娱乐、体育、教育、医疗卫生、邮政电信、餐饮住宿、商业金融等公共服务领域的英文译写从此有了国家标准指导，从业人员和管理者在以上领域的英文译写方面均需遵守该项国家标准，这便实现了从示范性规范到刚性规范的转变。

(3)语言文字应用的不同领域刚柔有别

在语言规范的等级划分中，社会共识类的规范主要指教科书、辞书等领域的语言规范，比较强调柔性规范，但在某些特殊场合，如学业考试、职业考绩等实际工作中，教科书、辞书等规范就具有刚性特点。以网络语言的规范为例，其在语言文字应用的不同领域刚柔有别。比如2005年上海市发布了《上海市实施〈中华人民共和国国家通用语言文字法〉办法（草案）》，草案第十三条规定，"汉语文出版物、国家机关公文、学校教育教学不得使用不符合现代汉语词汇和语法规范的网络语汇。"[①]这份草案提交上海市第十二届人大常委会审议后，上海市人民代表大会法制委员会发布了对这份草案审议结果的报告，报告第九条有关网络语汇部分指出，草案中"汉语文出版物不得使用不符合现代汉语词汇和语法规范的网络语汇"这一条款"限制过严，建议予以修改。"认为"期刊、图书这类出版物针对其读者群使用一些网络语汇也是可以的。但是，教科书是一种重要出版物，应当对其使用网络语汇作出禁止性规定。另外，新闻报道由于对社会影响大，也应当对其使用网络语汇作出限制性规定。"为此，报告建议将草案第十三条第二款修改为："国家机关公文、教科书不得使用不符合现代汉语词汇和语法规范的网络语汇。"并增加第三款："新闻报道除客观需要外，不得使用不符合现代汉语词汇和语法规范的网络语汇。"[②]上海市人民代表大会

---

① 新闻晚报.上海普通话立法草案提交审议 PK等新兴语言受限[EB/OL].（2005-08-31）[2013-06-15].https://news.sina.com.cn/c/2005-09-22/12327009681s.shtml.

② 王耀羲.上海市人民代表大会法制委员会关于《上海市实施〈中华人民共和国国家通用语言文字法〉办法（草案）》审议结果的报告[EB/OL].（2006-05-22）[2013-06-15].http://www.spcsc.sh.cn/renda/cwhgb/node5642/userobject1ai1153668.html.

法制委员会发布的这份网络语言规范的审议报告显示，即便同为出版物，但期刊、图书与教科书在网络语言规范上存在刚柔之别，相比而言，期刊、图书中的网络语言现象的规范更趋柔性，而教科书中网络语言运用被强制性禁止，这属于刚性规范。

总之，语言规范的柔性与刚性之间的关系正如李宇明所言："语言规范的特点就是刚中带柔，柔中带刚，刚柔并济。"[①] 这份刚柔关系同样也适用于公共语言景观规范。

（三）层次性原则

语言规范要讲究层次性，这在学界已受到很多研究者的认可。所谓层次性，强调分要素、分对象、分场合对语言现象进行区别规范，反对眉毛胡子一把抓。比如在语言要素方面，语言规范涉及语音、词汇、语法等要素，每个要素的规范标准各有不同，需区别对待。在规范力度上，三要素也不能平均用力，要明确规范的重心所在。就语言景观而言，语言规范的三要素中，应重点强调词汇规范。研究中我们发现，标牌词汇不规范现象表现在词形不规范、汉外混用、词语翻译不当、用词不当等方面，因此要加强对词汇规范的监督力度。

在规范对象上，由于语言景观制作主体包括官方和私人两方主体，因此在规范过程中我们要结合规范对象的特点进行分层规范。比如在官方层面，可严格遵照国家和地方语言文字法律法规的相关要求，对标牌制作主体语言文字应用能力进行考核、培训或与绩效奖惩挂钩，体现语言景观规范的强制性。但对广大私人标牌制作主体，语言景观规范则要体现柔性原则，规范的标准不能定得太高，更不能运用强制性手段进行纠正，要重点从语言规范意识上下功夫，培养私人主体对标牌语言规范的重视程度。

在规范的场合上，语言景观规范要视标牌出现的场所进行分层规范，比如居民区与商业区、城市与乡村语言景观规范应有所区别。以居民区与商业区为

---

① 李宇明 . 语言规范化的时代必要性及须重视的若干关系 [J]. 辞书研究,2020（5）:1-10.

例，一般而言，居民区语言景观主要服务于当地居民，因此在语言运用上应重点考虑实用性，可对多语标牌语码使用情况进行适度规范；而商业区由于人流量大，面对的消费群体比较多元，因此语言景观规范不能过于严格，要给予其一定的自由度。比如部分商业区的个体经营者为了追求经济效益，尽可能满足不同群体的多元化需求，在标牌语码运用上会选择外语为优势语码，甚至标牌上的外语无对应的汉语翻译，本书在对长沙市中心城区语言景观调查中就发现这种情况的存在。面对这种情况，我们在语言景观规范过程中要立足于标牌出现的场合和标牌受众的语言需求进行柔性规范。此外，在城市与乡村语言景观规范上，也应注重规范的层次性。一般情况下，受地理位置、经济发展水平、交通条件等因素影响，乡村语言景观的受众主要是当地村民，他们受教育程度普遍不高，外来人员少，外籍人员更少，因此乡村语言景观明显没有城市语言景观多元，特别是在多语标牌的使用上，乡村多语标牌数量少，语种单一。本书在对长沙市乡村语言景观调查中就发现，5个国家级的美丽乡村多语标牌数量均有限，且外语语种只有英语。因此，考虑到乡村标牌受众的特点和乡村场域的实际情况，我们在乡村语言景观规范中应重点强调语言要素的规范性，对多语标牌中的语种数量要适度控制。

三、乡村语言景观规范化的路径

十九大提出的乡村振兴战略是一项复杂的系统工程，需要多学科、多视角、全方位的通力合作。乡村语言景观是乡村公共语言服务的外在体现，良好的语言景观建设对乡村振兴战略的实施具有积极推动作用。结合乡村振兴宏观语境以及乡村语言景观建设实际，乡村语言景观规范化的路径可从以下几个方面展开：

（一）城乡互动共促乡村语言景观建设

2012年，中共十八大吹响了向"两个一百年"奋斗目标冲锋前进的号角，这两个奋斗目标分别为建党一百周年时建成小康社会和本世纪中叶实现社会主义现代化强国。为全面建成小康社会，党中央于2014年启动了"历史上规模最大的系统性扶贫工程"，在广大党员干部、志愿者、村民等的共同努力下，经过了前期大规模的入村入户走访调查、制定脱贫方案、实施精准扶贫，至2021年，这场系统性的扶贫工程已圆满完成，标志着中国脱贫攻坚战取得了全面胜利。[①]

随着脱贫攻坚战的圆满收官，城乡差距明显缩小，农业强、农村美、农民富的美好愿景逐渐实现。但从语言景观建设来看，城乡语言景观依然存在明显的差距。如在标牌数量上，城市大街小巷到处摆放或悬挂着各类标牌，标牌已经成为城市生活的必要组成元素，而乡村标牌数量明显偏少。在标牌语码类别上，城市多语标牌分布数量比较高，且越是发达的国际化大都市，其标牌语码类型就越丰富，英、法、日、韩、泰、俄等语种时有出现，这在城市商业区尤为常见。而反观乡村，无论是官方标牌还是私人标牌，其标牌语码分布都比较单一，单语标牌占绝对优势，双语标牌数量有限，三语标牌极其少见。在标牌语符分布上，城市标牌语符多元化比较明显，文字、数字、符号、汉语拼音、西文字母等多元分布，而乡村标牌语符比较单一。此外，城乡标牌在材质和字体上也存在明显区别。如在标牌材质上，城市标牌选材考究，除了金属、布料等材质，有的标牌还采用了 LED 显示屏，将文字与图像、声音、色彩、动画等结合在一起，充分发挥了多模态的表义方式，这些标牌制作工艺考究，比较容易吸引受众的目光。在标牌字体上，城市标牌多采用印刷字体，宋体、楷体、黑体等均有分布，字体工整、笔画清晰、排列整齐。而乡村语言景观形态明显简陋。在标牌材质上，除了金属标牌外，木板、牛津布、纸板、墙壁等往往成为标牌材质的重要选项，标牌选材比较随意，成本相对较低。标牌字体方面，一些私人标牌出于成本节省的考虑，采用手写体的方式，书写比较随意，规范

---

① 卡洛斯·马丁内斯.打赢脱贫攻坚战的中国正迈向共同富裕 [J].当代世界，2023（8）：75-79.

度不高。这在本书调查的村民房屋出租、土特产销售类的私人标牌中都有体现。

鉴于城乡语言景观在多方面存在的现实差距，乡村语言景观的规范化可通过城乡互动的方式来实现。长期以来，在农民增收、农村经济发展等方面，城乡互动比较频繁，总体上已经进入了"以工促农、以城带乡"的发展阶段[①]，但在语言景观建设方面，城乡互动频率需要加强，特别是城市需要借助于自身优势加大对乡村语言景观建设的帮扶力度，包括人力、物力、财力、资源要素等方面的投入。以人力因素为例，当前乡村语言景观建设的主体主要是当地村民，受文化程度、经济水平、主观认识等因素影响，乡村语言景观建设的重要性尚没有得到充分认识，乡村语言景观建设的优势尚需进一步发挥。因此，加大城乡互动，利用城市在人才、资源、资金等方面的先天优势，对乡村语言景观建设进行针对性指导和帮扶，将可缩小城乡语言景观之间的现实差距。

（二）多措并举提升乡村公共语言服务能力

各行各业，只要涉及言语行为，就存在语言服务问题。"语言服务是行为主体以语言文字为内容或手段为他人或社会提供帮助的行为和活动"。语言服务类型有不同的划分标准，从服务内容角度来看，语言服务包括语言知识服务、语言技术服务、语言工具服务、语言使用服务、语言康复服务、语言教育服务等类型。[②] 作为公共语言服务的重要体现，标牌制作属于语言使用服务范畴。从供需双方来看，乡村语言景观中提供语言服务的行为主体主要是基层管理部门以及当地村民，而接受语言服务的群体主要为当地村民以及少量外来人员。

随着乡村振兴战略的全面推进，乡村语言景观服务的群体将越来越多元化，不同群体对语言景观的需求也将更加多样化。乡村语言景观的规范化，是对不同群体语言景观需求的满足，这种满足离不开乡村公共语言服务能力的提升。在乡村语境下，其公共语言服务能力提升可从以下几个方面来实现：

---

① 喻新安 . 城乡互动：强农兴农的必由之路 [J]. 求是，2011（19）：43-44.

② 赵世举 . 从服务内容看语言服务的界定和类型 [J]. 北华大学学报，2012（3）：4-6.

第一，加快培养乡村语言服务专门化人才。人才是乡村振兴的关键，也是乡村语言服务质量提升的关键。受制于乡村经济、文化、教育等条件的限制，乡村语言服务急缺专业人才。因此，相关部门可借鉴脱贫攻坚战期间的成功经验，多渠道选拔人才、招募人才、培养人才。比如可招募一批优秀人员，与高校合作，通过短期或长期方式对其进行针对性培训，提高其乡村语言服务能力；也可从大学生村官中选拔一批乡村语言服务的专门化人才。

第二，制定并完善乡村语言规划方案。在乡村振兴背景下，不同主体对乡村语言服务的需求不尽相同，这就需要相关部门尽快制定服务于乡村振兴的语言规划方案，便于乡村语言服务能力提升，有效满足不同语言需求，为乡村振兴战略的顺利实施提供行之有效的语言保障。乡村语言规划方案的制定与完善，应坚持几条原则：首先，全局性原则。乡村语言规划方案的制定，既要着眼于乡村振兴战略的实施，也不能偏离国家语言文字发展事业总体布局，因为乡村语言规划方案是国家语言规划方案的有机组成部分，要服务于国家语言能力提升这盘大棋。

其次，需求性原则。乡村振兴战略是一项伟大的系统工程，其涉及的范围广，影响比较深远。因此，乡村语言规划方案的制定和完善离不开广泛而深入的调查、分析、研判，务必立足于广泛的需求（包括国家和地方对公共语言服务的需求），制定切合实际的语言规划方案。再次，层次性原则。乡村语言规划方案牵涉到不同行为主体，就乡村语言景观设立者而言，既有私人，又有官方，不同行为主体对语言服务的看法不尽相同，立场也不同，因此服务的效果也各有差异。因此，乡村语言规划方案的制定者应充分考虑不同行为主体的主客观情况，分层次地制定和完善语言规划方案。

第三，加强乡村语言资源的开发力度。我国乡村幅员辽阔，人口众多，蕴含着十分丰富的语言资源。在乡村振兴背景下，要积极挖掘、开发、利用乡村语言资源，为乡村振兴建设提供多元语言服务。以方言为例，广大乡村是方言聚集地，"十里不同音，五里不同调"，方言是历史悠久的语言资源。人们通过方言，可以寻根问祖，可以探知先民智慧，也可以学习中华文化。因此，在乡村语言景观建设过程中，要加强乡村语言资源的开发力度，合理利用有生命力的语言资源。

（三）群策群力加强乡村语言生态建设

"语言生态"这一术语最早由美国学者豪根于20世纪70年代所提出，它是一个隐喻概念，将语言与所在族群、社会、文化及地理环境等之间的相互依存关系类比为自然界特定生物与非生物等之间的关系。该隐喻将语言学与生态学结合了起来，客观上推动了生态语言学的诞生。[1]

语言生态理论引入我国以来，有研究者意识到语言生态在国家生态文明建设中的作用，将语言生态文明建设看作社会主义生态文明建设的一个重要支撑点，认为"良好的语言生态环境是生态文明建设的重要组成部分"，二者之间是"纲"与"目"的关系，"只有抓好生态文明建设这个'纲'，良好的语言生态环境这个'目'才能'张'。"[2]十八大报告中，国家正式推出了生态文明建设的战略决策，绘制了生态文明建设的蓝图。在国家生态文明建设的大力推动下，越来越多的研究者意识到语言生态在国家生态文明建设中的作用。如王倩等认为"语言生态属于精神生态的一部分，和谐的语言生态环境是生态文明建设的一个重要支撑点，没有和谐的语言生态就不可能有和谐的城市生态。"[3]李敬巍认为："生态文明建设与语言生态建构是一种共生互动关系，生态文明建设为语言生态建构创造必要的社会环境，良好的语言生态可以为生态文明建设提供有力支撑。生态文明建设视域下的语言生态建构，既关乎我国社会主义

[1] 王倩，张先亮.语言生态在新型城镇化生态建设中的地位和作用 [J].语言文字应用，2015（3）：41-48.

[2] 冯广艺.生态文明建设中的语言生态问题 [J].贵州社会科学，2008（4）：4-8.

[3] 王倩，张先亮.语言生态在新型城镇化生态建设中的地位和作用 [J].语言文字应用，2015（3）：41-48.

生态文明建设大局，又与国家中长期语言文字事业改革和发展规划目标相一致。"① 学界将语言生态研究自觉融入到国家生态文明建设伟大战略中，提升了语言生态学研究的学术视野，有助于语言生态学这一新兴学科的理论建构。

在乡村振兴背景下，良好的乡村语言生态有助于乡村振兴目标任务的顺利实现。《中共中央国务院关于实施乡村振兴战略的意见》将生态宜居视作乡村振兴的关键，这里的生态宜居不仅仅是乡村自然生态环境，也包括语言生态环境的建设。乡村语言生态内涵丰富，包括村民的语言认同、语言能力、语言态度，乡村方言的分布情况、普通话推广情况、语言规范程度、乡村语言资源开发与利用、不同语言之间的关系等等。

从语言生态涉及的领域来看，乡村语言生态涉及家庭领域和公共领域两大板块的语言生态。其中家庭领域的语言生态具有一定的私密性，是维系家庭成员之间感情的重要纽带，作为社会大家庭的成员，千千万万个家庭的语言生态共同构成了全社会的语言生态。因此，乡村家庭语言生态的文明程度与乡村生态、乡村振兴密不可分。当前，我国乡村家庭语言生态还存在一些不可忽视的问题，比如语言认同、语言能力、语言规范的代际差异比较明显。以语言能力的代际差异为例，年轻人的方言交际能力明显比老年人弱，有些家庭因夫妻来自不同地域，为沟通的便利他们长期讲普通话，子女便在普通话语境中成长，方言能力逐渐弱化，甚至有孩子从小就不会说方言。此外，随着自媒体的发展，乡村留守老人在社交软件的熟悉程度上明显落后于年轻人，导致他们对社交语言的认知程度也落后于年轻人，家庭成员之间的语言沟通便出现了代际鸿沟，长此以往，不利于家庭亲情的维护。因此，在乡村振兴背景下，每个乡村家庭的语言生态不可忽视。乡村振兴目标任务的顺利实现，离不开每个乡村家庭的支持与配合，关注乡村每个家庭甚至每个成员的语言生态，共促家庭语言和谐，为乡村振兴提供内生动力。基于此，相关部门不妨以家庭为单位，在基于大规

---

① 李敬巍. 生态文明建设视域下的语言生态建构 [J]. 语言与翻译，2022（1）：11-17.

模调查与摸排的基础上，及时了解每个乡村家庭在语言生态中存在的问题，并采取针对性帮扶措施。

在公共领域语言生态方面，标牌语言是重要组成部分。近年来，随着国家美丽乡村建设的推动，一些地理位置好、交通条件便捷、经济相对活跃的乡村，语言标牌数量明显增多。官方标牌与私人标牌不断涌现，特别是官方标牌，外观精美，色彩鲜艳，内容丰富，主题鲜明，它们被放置在田间地头、乡村文化活动中心、房前屋后等公共场所，给村容村貌带来了较大变化。但对乡村语言景观调查发现，乡村语言景观不规范现象比较明显，这不利于乡村语言生态文明建设。因此，相关部门要加强对乡村公共领域语言生态的维护与监管，提高村民规范使用语言文字的意识，引导村民站在乡村振兴战略的高度看待乡村公共领域语言生态。

乡村语言生态建设牵涉的面很广，除了地方相关部门、当地村民这两大建设主体以外，还要发挥学界的力量，积极推动乡村语言生态调查研究，为乡村语言生态建设实践提供理论依据。近年来，我国语言生态研究已取得了一定成果，特别是在语言景观的实证研究方面，进步比较明显。研究主体从学术大咖到年轻的研究生，研究对象从实体语言景观逐渐过渡到虚拟语言景观，研究方法从田野调查法到视频文献分析法，研究范围从城市蔓延至乡村。本书即为乡村语言景观研究成果之一。但从研究力度来看，多数研究者关注城市商业区、居民区、旅游景区等场所的语言景观，乡村语言景观研究力度远远不够。目前为止，只有为数不多的几篇研究成果属于乡村题材的语言景观研究，但这种研究多数是城中村、民族村、淘宝村的语言景观，真正意义上的乡村语言景观研究成果非常少，研究空间很大。因此，为了加快乡村语言生态建设，推动乡村语言景观规范化，有必要集思广益，加强对乡村语言生态的研究力度。当研究者将研究视野从城市转移至乡村，对乡村语言生态进行全方位调查，寻找乡村语言生态存在的理据，探讨乡村语言生态建设的路径，才能更好地推动乡村语言景观的规范化。

四、本章小结

十九大提出的乡村振兴战略，是以习近平主席为代表的党中央对新时期"三农"工作做出的重大战略部署，是实现"两个一百年"奋斗目标的必由之路。要实现"产业兴旺、生态宜居、乡风文明、治理有效、生活富裕"的总要求，乡村公共空间的语言景观规范必不可少。本章结合乡村振兴时代背景，从乡村语言景观存在的问题、乡村语言景观规范的原则与规范的路径三个方面进行了深入探讨。研究认为：

（一）乡村语言景观的不规范之处

对长沙市乡村语言景观调查发现，长沙市乡村标牌基本符合国家和地方语言文字法律法规，满足了村民日常生活需要，但有少数标牌存在以下几个方面的问题：

第一，标牌语言文字不规范。有的标牌存在错别字、繁简字共用现象，少数双语标牌的英文翻译不规范，还有的标牌汉字书写顺序不一致。

第二，标牌被遮挡。有些放置在马路边或村民宅基地旁的标牌被周围的花草树木或堆放的杂物遮挡，导致标牌内容看不全，影响标牌信息功能的发挥。

第三，标牌字迹不清晰、破损、有污渍。在经历了长期的风吹日晒以后，有的标牌颜色变淡了，字迹不够清晰；有的标牌出现了破损现象，也有的标牌上有污渍。

第四，标牌越轨式放置。有的私人标牌被随意悬挂在路边的树枝上，或堆放在墙角，或张贴在建筑物外墙、电线杆、宣传栏上。有的超市宣传栏上张贴了数张不同类型的标牌，比较杂乱，不利于标牌信息功能的发挥。

第五，标牌材质和书写简陋。少数私人标牌比较简陋，标牌材质为小黑板或硬纸壳，手写体，这类标牌制作起来简单省事，成本低，但比较随意，不耐用。

第六，标牌内容与经营范围不一致。有的私人店铺已转让或经营范围已转向，但原有标牌尚未拆除，导致新旧标牌同时存在，影响了标牌信息功能的发挥。

（二）乡村语言景观规范化的原则

结合乡村振兴时代背景，本章提出乡村语言景观规范化应坚持的三大原则：和谐原则、柔性原则、层次性原则。具体观点如下：

第一，和谐原则。本章首先分析了语言和谐规范观的产生历程，然后参考陈睿提出的对城市语言景观和谐理念分析的六个维度来分析乡村语言景观规范的和谐理念。在本体维度，乡村语言标牌上的语音、文字、词汇、语法、语义、语用等语言要素共同决定语言景观的和谐程度，此外标牌上的图像、颜色、动画等非语言符号也与语言要素共同表义，语言要素和非语言要素通过多模态的方式传递着和谐的理念。在个体维度，标牌设立者创设语言标牌的动机、意图以及语言选择情况，标牌受众对语言景观的主观评价和认知等都属于个体维度上的考量因素。在自然维度，语言景观主要体现人与自然的和谐统一。和谐的乡村语言景观能产生一定的视觉效应，在特定的空间集体呈现而形成某种独特的视觉效果。在民族维度，标牌语言景观能反映少数民族语言与国家通用语言文字之间的共生关系。因此，语言景观要维护民族团结，使各民族语言在相互竞争和影响中保持和谐共生。在社会维度，语言景观是乡村文明的重要象征，能展示乡村在政治、经济、文化、科技等方面的发展情况。在国家维度，公共领域的语言景观应遵守国家和地方相关部门的语言决策和规定，避免违反语言文字法。

第二，柔性原则。本章首先分析了柔性原则的基础，然后探讨了柔性与刚性之间的关系。我们提倡乡村语言景观规范需要柔性原则，这是由语言本身的性质和语言交际双方的特点所决定的。首先，语言符号具有任意性。我们在确定语言景观现象的规范与否时，不能照搬学理依据，而要结合人们的实际使用情况来判断。其次，语言符号的动态发展性。我们不能用一成不变的眼光来看待语言景观中的新现象。再次，语言现象的群众基础。在语言生活快速发展的今天，审美主体的多元化追求越来越明显，面对语言景观中的特殊现象，我们应根据其使用的场合、受众、目的、效果等因素进行综合研判，防止"一刀切"。

在柔性与刚性之间的关系上，首先，我们认为刚性规范中也有柔性的一面，比如语言文字法律法规对广大群众产生法定约束力，具有明显的刚性。但其有关监督的条款却也呈现出柔性的一面。其次，柔性规范一旦被纳入法律法规，就会成为刚性规范。比如公共服务领域的英文译写早期多为示范性规范，缺乏强制性。但《公共服务领域英文译写规范》发布后，公共服务领域的英文译写从此便有了国家标准指导，实现了从示范性规范到刚性规范的转变。再次，语言文字应用的不同领域刚柔有别。比如在语言规范的等级划分中，教科书、辞书等领域的语言规范属于社会共识类的规范，强调柔性规范，但在学业考试、职业考绩等实际工作中，教科书、辞书等规范就具有刚性特点。

第三，层次性原则。语言景观规范需讲究层次性，要强调分要素、分对象、分场合对语言标牌现象进行区别规范，反对眉毛胡子一把抓。比如在语言要素方面，语言规范涉及语音、词汇、语法等要素，每个要素的规范标准各有不同，需区别对待。在规范力度上，三要素也不能平均用力，应重点强调词汇规范。在规范对象上，由于语言景观制作主体包括官方和私人两方主体，因此在规范过程中我们要结合规范对象的特点进行分层规范。在规范的场合上，语言景观规范要视标牌出现的场所进行分层规范，比如居民区与商业区、城市与乡村语言景观规范应有所区别。

（三）乡村语言景观规范化的路径

结合乡村语言景观的客观实际以及乡村振兴时代背景，乡村语言景观规范的路径可从三个方面进行：

第一，城乡互动共促乡村语言景观建设。城乡二元差异在语言景观中也客观存在，这在标牌数量、语码类型、语符分布、标牌形态等方面都有明显体现。对此，可加大城乡互动，利用城市在人才、资源、资金等方面的先天优势，对乡村语言景观建设进行针对性指导和帮扶，将可缩小城乡语言景观之间的差距。

第二，多措并举提升乡村公共语言服务能力。不同群体对乡村语言景观有不同需求，这就要求乡村公共语言服务能力的提升。比如通过与高校合作培训或者大学生村官选拔等途径来加快培养乡村语言服务专门化人才；在坚持全局性原则、需求性原则、层次性原则的基础上制定并完善乡村语言规划方案；加强乡村语言资源开发的力度等。

第三，群策群力加强乡村语言生态建设。语言生态是乡村生态的有机组成部分，良好的语言生态对乡村生态文明建设和乡村振兴目标的顺利实现具有重要促进作用。乡村语言生态建设，需要重点关注家庭领域和公共领域的语言生态，同时还要发挥学界的力量，积极推动乡村语言生态调查研究，为乡村语言生态建设实践提供理论依据。

第七章 结　　语

　　语言景观指出现在地名、街名、路牌、商铺招牌等公共空间上的语言文本。它不是一种简单的语言实践，更是一个城市或地区的视觉文化以及地域生态的有机组成部分。对公共空间语言景观的研究，可以加深我们对隐藏在语言现象背后的地区公共语言服务、社会发展、语言活力、语言政策及其实施等方面信息的理解。在国内外学界的共同努力下，语言景观研究已成为当前社会语言学中较为流行的研究课题，取得了诸多成果。以中国为例，研究者积极引介国外语言景观理论与方法，对国内多范围的语言景观展开了实证研究，并尝试探索语言景观研究的新理论与新方法，客观上推动了国内语言景观在研究主体、研究对象、研究方法、研究理论、研究视野等各个方面的积极发展。但对已有研究的梳理不难发现，国内研究视野较多聚焦于中心城区，忽视了对广大乡村语言景观的调查研究。

　　近年来，在党中央的正确领导下，国家惠农富农政策力度不断加大，新农村建设和农村现代化建设深入推进，广大农村发生了翻天覆地的变化。作为地区语言文化生态的有机构成，农村的语言景观现状如何？其与城市语言景观相比有何异同之处？农村语言景观优化的路径是什么？带着以上问题，本书选择中部地区代表性城市长沙周边的5个国家级文明村为调查区域，通过田野调查的方式搜集并整理了2588块有效语言景观样本，分析了乡村语言景观的总体面貌，比较了乡村语言景观的地理分布差异，并将乡村语言景观与长沙市主城区语言景观进行了对比，最后结合乡村语言景观现状提出了乡村语言景观规范化的原则与路径。研究发现：

一、乡村语言景观的特征

对2588块乡村语言标牌调查发现，长沙市乡村语言景观单语性比较突出（89.03%），双语标牌数量少（10.97%）。乡村标牌语码组合类型不太丰富，只有"汉语单语""汉语＋英语""汉语＋维吾尔语"三种组合情况。标牌语言只有汉语、英语、维吾尔语三种语言，其中汉语是出现频率最高的语言（100%），英语是出现频率最高的外语。没有外语单语标牌，所有双语标牌上的优势语码均为汉语。双语标牌在文本互译类型上倾向于完全有效翻译或转译、部分有效翻译或转译，两者合计占所有双语标牌的98.95%。这说明，乡村标牌设立者在双语标牌的制作上充分考虑到了村民的外语水平现状，尽可能照顾绝大多数人的阅读习惯，保障村民在外语水平有限的情况下依然能读懂标牌传达的信息。

乡村语言景观构建遵循了三大原则：突显自我原则、充分理性原则和权势关系原则。其中凸显自我原则在各村宣传牌上比较突出，其追求标新立异、与众不同。充分理性原则体现在标牌语种分布、语码取向、外语选择、双语标牌文本互译类型等方面。权势关系原则体现在标牌中汉语的高频率分布上。

从语言景观设立主体来看，乡村官方标牌与私人标牌存在一定的异同之处。

相同之处体现在：在语码组合上，官方与私人标牌均以汉语单语标牌为主，双语标牌不占优势，没有外语单语标牌；在语言景观功能上，官方与私人标牌均发挥了信息功能和象征功能；在语码取向上，官方与私人标牌的优势语码均为汉语；在标牌字刻上，官方和私人标牌都采用了多色字体，大部分标牌也比较注重字体样式的设计和图案的搭配；在标牌材质上，两类标牌材质都比较多元，多种金属材料、布料、木料、纸张、塑料材质等都有使用；在标牌置放上，官方与私人标牌都有场景化放置和去语境化放置两种情况。

官方与私人标牌的差异表现在：在标牌语码组合方面，官方双语标牌上只有汉英组合模式，私人双语标牌上有汉英和汉维两种组合模式；在语言景观功能上，官方标牌注重对村民进行宣传教育，而私人标牌关注为村民提供日常生活消费服务；在标牌文字排列方式上，官方双语标牌中横向排列式标牌（70.23%）低于私人双语标牌（94.77%）；在标牌字刻上，私人标牌字体背景和颜色比官方标牌更加多元化，但在字体设计、图案样式和编排上，官方标牌比私人标牌更加精美、规范，做工更加考究和细致；在标牌材质上，官方标牌材质更加注重耐用性和可持续性，而私人标牌材质简陋一些；在标牌置放上，官方标牌比私人标牌置放规范程度高一些。

二、乡村语言景观的地理分布

对长沙市5个乡村语言景观比较后发现：在语言组合模式上，乡村标牌均有汉语单语模式和"汉语+英语"组合模式，均没有外语单语标牌和三语以上标牌。汉语单语标牌中，静慎村和大龙村的单语标牌比例最高（97.22%、90.10%），其余3个乡村单语标牌比例均在80-90%之间，其中新明村的单语标牌相对最少（81.69%）。在双语标牌分布上，新明村双语标牌数量相对最高（18.31%），静慎村双语标牌数量最少（2.78%），其余三个乡村在10%左右。在文本互译类型上，各村双语标牌总体上以部分有效翻译为主，完全有效翻译为辅。其中静慎村、新明村、学华村还有无有效翻译类型（2种语言互为补充），而坪头村、大龙村没有无有效翻译类型。在官方与私人标牌分布上，静慎村官方标牌最多（82.54%），私人标牌最少（17.46%），而其他各村私人标牌数量均高于官方标牌，其中学华村私人标牌数量接近官方标牌的2倍。在私人标牌行业分布上，学华村的私人语言景观行业类型分布数量最多（15个），新明村最少（5个）。此外，各村行业类型分布不相同，其中行业类型分布相对均衡的是学华村，该村行业类型多，所涉领域广，各个行业的语言标牌相差不大。而其他各村在行业分布比例上存在明显的高低差别。

长沙市乡村语言景观地理分布上的异同受以下因素影响：首先，乡村的区位条件。区位条件优越、经济发展程度较高的乡村，其标牌语言景观相对丰富，标牌数量更多，标牌语种相对多元，行业类型分布相对较多。其次，乡村的产业格局发展定位。不同乡村产业格局存在一定差异，这对标牌语言景观也有影响。最后，国家和地方乡村政策的促进。乡村政策客观上推动了各村公共文化服务的建设，作为乡村公共文化服务的有机构成，标牌语言景观应运而生。

三、城乡语言景观的异同比较

为了更好地了解乡村语言景观的特点，本章我们依然采用田野调查的方法对长沙市主城区语言景观展开拍摄，共获得2942块有效语言标牌。在对长沙市主城区语言景观统计分析的基础上，对城乡标牌语言景观的差异进行了对比。研究发现：

城区标牌语码组合类型比较丰富，共产生了10种组合类型。各组合类型中，汉语单语标牌（含汉语拼音）比例最高（69.44%）。各语种中，汉语是标牌最常用景观用语（98.84%），而英语是出现频率最高的外语。多语标牌在语码取向上以汉语为主（87.43%），英语其次（12.35%），日语最少（0.22%）。在文本互译类型上，部分有效翻译或转译最多（55.62%），完全有效翻译或转译其次（22.25%），无有效翻译或转译最少（合计22.14%）。在标牌设立主体上，城区私人标牌数量多（74.98%），官方标牌数量少（25.02%），但两类标牌均以汉语单语为主，多语为辅。相对而言，官方多语标牌组合模式没有私人标牌丰富。在语码取向上，绝大多数的官方与私人多语标牌均以汉语为优势语码，少数多语标牌以英语或日语为优势语码。在文本互译类型上，官方与私人多语标牌中部分有效翻译或转译的标牌最多，其次为完全有效翻译或转译，两种类型的无有效翻译或转译标牌最少。这表明，官方与私人均比较重视标牌语言文字的可读性。在功能类型上,城区商铺招牌最多(46.91%),其次为广告牌和宣传牌(28.99%)、信息牌(10.10%),其余标牌数量累计只有10.37%。这表明,长沙市主城区相关街道个体经济比较发达,商业气氛浓厚。

城区标牌语言景观遵循了三大原则:突显自我原则、充分理性原则和权势关系原则。其中凸显自我原则表现在私人店铺经营者为了吸引目标受众的注意力,在标牌设计上求新求异,极力彰显自我。充分理性原则表现在以汉语为标牌最常用景观用语,以英语为优势外语等方面。权势关系原则体现在汉语的优势地位上。

城乡语言景观的相同之处表现在:汉语为标牌最常用的景观用语,英语为优势外语,且多语标牌中"汉语+英语"组合的双语标牌最多;多语标牌文本互译类型均以部分有效翻译或转译为主,其他文本互译类型为辅;从标牌设立主体上来看,城乡标牌在语言组合模式、语码取向、文本互译类型、语言景观功能等方面均存在一定共性。比如城乡官方与私人标牌均以汉语单语标牌为主,其他语种标牌为辅;语码取向上汉语均占绝对优势;文本互译类型均比较重视部分有效翻译或转译;语言景观功能上,城乡官方标牌均比较重视宣传功能,而私人标牌则比较重视标牌的商业价值。城乡语言景观均体现了凸显自我原则、充分理性原则和权势关系原则。

城乡语言景观的差异表现在:城区标牌语码组合类型比较丰富,乡村比较单一;城区标牌比乡村更倾向于使用外语,不仅外语种类丰富,而且还有标牌语码取向为外语的情况;乡村多语标牌的翻译程度比城区更高,标牌的可理解性更强;城区私人标牌分布更普遍,乡村官方标牌分布更突出;城区私人标牌语码组合类型比乡村丰富;城区私人标牌的商业气息更浓。

四、乡村语言景观的规范化

在乡村振兴背景下,乡村语言景观基本符合国家和地方语言文字法律法规,满足了村民日常生活所需,但也有少数景观存在相关问题,比如标牌语言文字不规范、标牌被杂物或花草遮挡、标牌字迹不清晰、破损或有污渍、标牌越轨式放置、标牌材质和书写简陋、标牌内容与经营范围不一致等。

鉴于此，要对乡村语言景观进行规范化。具体而言，乡村语言景观规范化需坚持三大原则：和谐原则、柔性原则、层次性原则。其中乡村语言景观规范的和谐理念体现在本体、个体、自然、社会、民族、国家六个维度上。乡村语言景观规范的柔性原则有一定的基础，比如语言符号的任意性、语言符号的动态发展性、语言现象的群众基础。在坚持柔性原则的同时，要处理好柔性与刚性之间的关系。首先，要认识到刚性规范中也有柔性的一面；其次，柔性规范一旦被纳入法律法规，就会成为刚性规范；最后，语言文字应用的不同领域刚柔有别。乡村语言景观规范的层次性原则强调要分要素、分对象、分场合对语言标牌现象进行区别规范，反对眉毛胡子一把抓。

在规范的路径上，本书结合乡村振兴时代背景和乡村语言景观的客观实际，提出了以下三个方面的路径：第一，城乡互动共促乡村语言景观建设。鉴于城乡语言景观的客观差异，要加大城乡互动，利用城市在人才、资源、资金等方面的先天优势，对乡村语言景观建设进行针对性指导和帮扶，力争缩小城乡语言景观之间的差距。第二，多措并举提升乡村公共语言服务能力。比如加快培养乡村语言服务专门化人才、制定并完善乡村语言规划方案、加强乡村语言资源开发的力度。第三，群策群力加强乡村语言生态建设。重点关注家庭领域和公共领域的语言生态，同时还要发挥学界的力量，积极推动乡村语言生态调查研究，为乡村语言生态建设实践提供理论依据。

本书在乡村振兴战略背景下，以语言景观理论为指导，调查了长沙市周边5个有代表性乡村的语言标牌，对其语言景观进行了多方面的探讨。虽未能覆盖全国所有乡村，但基本能反映我国乡村语言景观的总体面貌，因此该研究成果对地方乡村振兴目标的实现、国家文明村镇和美丽乡村建设等都具有较好的参考价值。